2018出国留学蓝皮书

基于留学中介评价指数

中信银行股份有限公司 著

Blue Book
China's Study Abroad Agencies

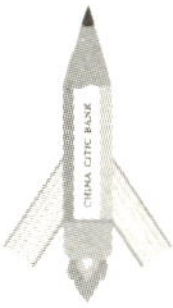

中信出版集团 · 北京

图书在版编目（CIP）数据

2018出国留学蓝皮书：基于留学中介评价指数 / 中信银行股份有限公司著. --北京：中信出版社,
2017.11

ISBN 978-7-5086-8388-1

Ⅰ. ①2… Ⅱ. ①中… Ⅲ. ①留学教育—世界—2018—指南 Ⅳ. ①G649.1-62

中国版本图书馆CIP数据核字（2017）第284318号

2018出国留学蓝皮书——基于留学中介评价指数

著　　者：中信银行股份有限公司
出版发行：中信出版集团股份有限公司
（北京市朝阳区惠新东街甲4号富盛大厦2座　邮编　100029）
承 印 者：北京通州皇家印刷厂

开　　本：787mm × 1092mm　1/16　　印　　张：17.25　　字　　数：180千字
版　　次：2017年11月第1版　　印　　次：2017年11月第1次印刷
广告经营许可证：京朝工商广字第8087号
书　　号：ISBN 978-7-5086-8388-1
定　　价：52.00元

服务热线：400-600-8099
投稿邮箱：author@citicpub.com

《2018出国留学蓝皮书》编审委员会名单

序　一

中信银行副行长　郭党怀

时隔一年，中信银行创作的《出国留学蓝皮书》2018版与广大读者见面了。这是中信银行第三年以第三方中立的角度解读留学市场，评价留学中介机构。我们为这本书的出版感到欣喜和自豪。

现如今，我们面对的是一个崭新的时代，新的时代给了我们更多的选择机会，对莘莘学子也不例外。“千军万马过独木桥”的局面已不复存在，出国留学已成为千千万万家庭考虑的事情，留学已不再是少数人的选择。教育部数据显示，2016年中国出国留学人数达到54.45万人，再创历史新高。留学市场快速增长的同时，也带来了信息获取和甄别困难的问题。

本书是国内首个从第三方中立角度调查、观察、分析留学市场，并对出国留学中介机构提出客观评价与市场解读的出版物，填补了市场空白。自推出以来，本书被留学家庭广为传阅，在留学行业也获得了广泛的认可和好评，成为留学家庭做出留学选择前的重要参考。

2017年，我们在持续追踪行业数据、把握市场脉搏的基础上，跟随留学生的留学轨迹，进一步了解并探索留学生在留学过程中的心理需求、安全问题，以及留学后的个人发展等内容。在样本选择上，增加了美国、英国、加拿大、澳大利亚四个主流留学国家以及欧洲、亚洲的留学国家和地区共1 025份海外样本，样本总量达到5 084份。同时，首创了延展阅读二维码，增强了图书与读者的互动性，让《2018出国留学蓝皮书》

成为一本真正可读、会说、能互动的立体读物。

作为国内最早开办出国金融业务的商业银行，中信银行始终以为出国客户提供贴心、全面、周到的服务为己任，并以创新性的思维，发现和解决客户的实际需求。本书的出版也是我们服务留学人群、履行社会责任的体现。相信《2018出国留学蓝皮书》的推出，能够为留学家庭了解留学市场、更好地进行留学规划提供真实、有效的帮助，同时，也能为出国留学客群和中介机构搭建起互利互信的平台，促进留学中介行业提升总体竞争力，推动行业的共同繁荣。

留学，让我们更好地了解世界，也让世界更好地看到中国。衷心祝愿所有立志走出国门的莘莘学子，抓住机遇，顺利实现留学梦想！中信银行愿为中国国际化人才的培养贡献绵薄之力。

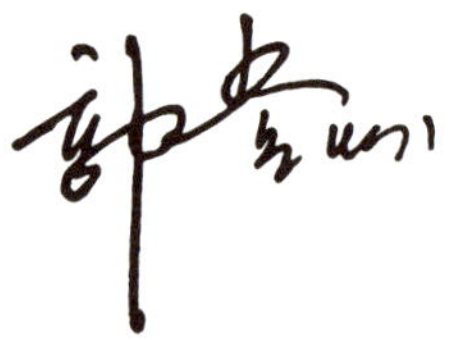

2017年10月

序　二

睿达思企业管理咨询有限公司全球总裁　奇普·利斯特（Chip Lister）

我们很荣幸，今年能够再度与中信银行合作，完成留学市场的调研和分析，给留学家庭提供一些力所能及的支持：无论您是自己计划出国留学，还是打算送孩子出国念书；无论这一计划是近在眼前，还是在多年以后，相信这本书都会给您提供一些有益的参考，在出国留学方面为您提供有效的建议。

在《2018出国留学蓝皮书》的写作过程中，我们收集了遍布全中国以及世界各地主要留学国家的5 084份留学样本，倾听了留学生和留学家庭的声音。力求更加全面、真实地为您勾画出留学家庭需要知晓的关于留学各个阶段生活的整套画卷；并且翔实、准确地为广大留学家庭呈现客观公正、有说服力的留学中介机构排名和市场概览，为留学家庭提供结合其痛点的、详细的实用规划和建议。《2018出国留学蓝皮书》既是上一版的继承和延续，也是扩展和升华。

睿达思企业管理咨询有限公司在北美市场调研和管理咨询领域深耕60余年，广泛服务于微软、美国大通银行、宝洁、雅培、可口可乐等国际知名企业，通过定制化的服务为企业提供清晰的市场战略方向、产品与服务升级策略，伴随企业创新与成长。

未来的市场是国际化的市场，未来的世界也是国际化的舞台。拥有中国传统文化的基础，获得西方国家的学习经历和视野，形成符合未来发展的能力、思考方式以及世界观，这样的人才一定会更好地实现他们的“中国梦”。无论是现在还是未来，睿达思企业管理咨询有限公司愿与中信银行保持更加深入和广泛的合作，携手努力，让《2018出国留学蓝皮书》成为出国留学家庭的必备指南，使它成为专家和消费者公认的、权威的中国留学家庭必读的工具书。我们也愿意成为中信银行走向世界的纽带，帮助中信银行把握时代契机，使其留学金融的各项业务蒸蒸日上，服务于世界的每个角落！

Chip Lister

2017年10月

前　言

时隔一年，中信银行再度携手睿达思企业管理咨询有限公司出版《2018出国留学蓝皮书》，继续践行为留学家庭服务的理念。本书在持续追踪行业数据、把握市场脉搏的基础上，增加了留学生视角，带领留学家庭认识留学，了解市场，走近留学生活。

2016年，我国出国留学总人数达到54.45万人，与2015年的统计数据相比，我国2016年出国留学人数增加了2.08万人，其中自费留学人数增加了1.64万人。自费留学群体在出国留学群体中所占的比例和增长速度奠定了其在出国留学群体中的主体地位。这一群体的壮大也带动了留学家庭对留学选择的重视和对留学中介服务的需求。从学历层次上看，2016年，我国出国留学人员中攻读本科以上学历的约有70%，其中，本科生为30.56%，硕博研究生为35.51%，留学生结构向低龄留学生倾斜。

《2018出国留学蓝皮书》的调研共采集5 084份样本，如图0–1所示。其中，国内样本4 059份，延续了上一版国内样本消费者调研的部分，全面解读了留学市场、留学人群和留学服务选择，并对百余家留学中介机构进行考察，得到留学中介机构评价榜单，为留学家庭在选择中介机构时提供了参考与指导。与此同时，本书新增海外样本，还原真实留学生活，放眼学生留学中和留学后的需求，挖掘留学各阶段的具体痛点，提出解决方案和建议，为留学家庭提供留学参考。

国内部分消费者调研的数据覆盖全国10个城市，共采集4 059份样本，在样本量和城市覆盖性上都达到了非常高的标准，将调研误差控制

图0–1　2017年中信银行出国留学调研部分样本构成

在较小的范围内。而指标的选取也力图最真实地覆盖和还原留学家庭评价中介服务过程中的每一个方面。在指标体系的建立方面，本着建立客观、准确的留学中介机构评价体系的原则和目标，运用因子分析和驱动因素分析的方法，同时结合百度大数据和中介机构资质评价数据，为留学家庭提供可靠的留学中介机构选择参考依据。百度搜索数据涵盖亿万网民的搜索行为，反映其对留学热点、留学中介机构的认知和主动搜索，是留学中介机构品牌影响力和知名度的体现。留学中介机构资质评价数据着重考察了中介机构的规模、公信力和专业资质。这三方面数据的结合，使得数据解读更加合理，评价结果更为准确（具体如图0–2所示）。

本书新增的海外样本部分在样本地区设计方面，依据2016年留学目的地的选择分布，最大限度地贴近学生实际的目的地分布，选取主流留学国家（如美国、英国、加拿大、澳大利亚、新西兰等）为主要的样本采集国家，欧洲和亚洲因其留学国家和地区较为分散，故作为整体进行样本采集，如图0–3所示。

本书涵盖留学市场分析，不同阶段留学人群的留学目标和选择分析，留学中介评价榜单揭秘，留学生学习、生活、实习、工作的状况解读和

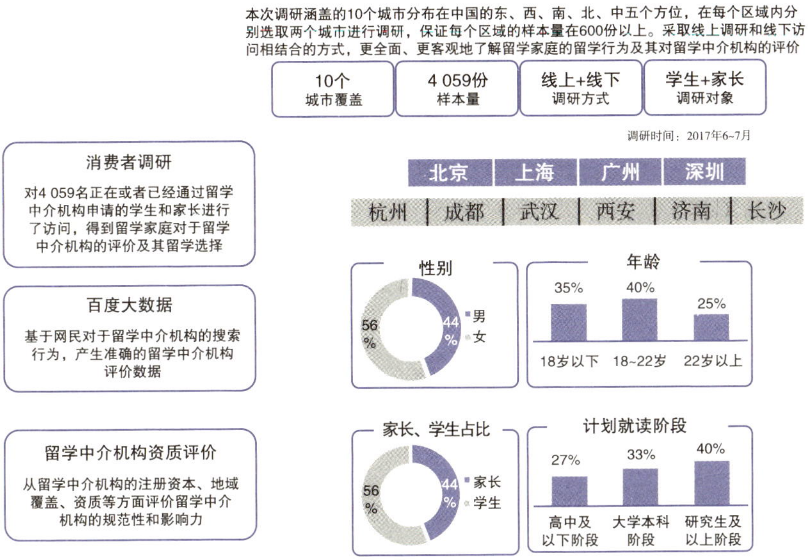

图0-2　2017年中信银行出国留学中介评价指数构成及国内样本中介机构客户调研部分样本构成

痛点分析，以及留学金融服务的内容；旨在细致剖析留学市场，呈现客观、中立、可靠的中介评价结果，为千万留学家庭进行留学选择、留学中介机构选择提供重要参考。在此基础上，本书力图从留学家庭最关心的内容出发，制造更多的话题点，例如，留学规划、国际学校、领事安全、心理咨询师访谈等，以专题、音频二维码等形式增强阅读的趣味性和互动性。

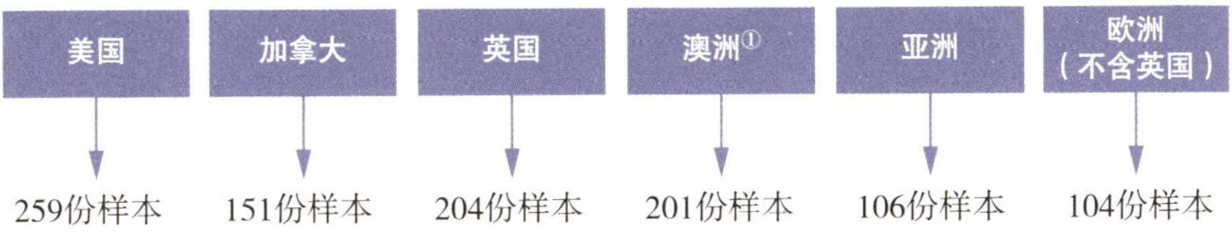

图0-3　2017年中信银行出国留学海外样本客户调研部分样本构成

① 此处及以下所称"澳洲"，均指澳大利亚、新西兰等留学国家。

本书由中信银行零售银行部联合睿达思企业管理咨询有限公司撰写。在撰写过程中，根据遵从真实数据的原则，通过建立统计学模型的方法，赋予数据合理化的解释。但是，由于希望将这本具有参考价值的图书尽早送到留学家庭手中，在撰写和出版过程中时间紧迫，如有疏漏，敬请谅解。

本书能够付诸出版，要感谢多方团队与人员的共同努力和支持。感谢心理咨询师赵悦辰在本书中针对留学生在留学中和留学后可能出现的心理问题的指导与案例分析。感谢外交部领事保护中心和中华人民共和国驻美国大使馆旅美教育与安全事务专家黄雷博士在本书领事安全专题中关于如何提高安全意识、有效寻求领事保护内容的分享。

中信银行股份有限公司

2017年10月

目录

第一章

稳健增长的留学市场

第一节　2017年出国留学新趋势

一、留学市场稳速增长，学成归来就业、创业日趋普遍

根据教育部的统计数据[①]显示，2016年我国出国留学总人数为54.45万人，其中，国家公派留学3万人，单位公派留学1.63万人，自费留学49.82万人。2016年，各类留学归国人员总数为43.25万人，其中，国家公派留学2.25万人，单位公派留学2万人，自费留学39万人。与2015年的统计数据相比较，我国2016年出国留学人数增加2.08万人，其中自费留学人数增加1.64万人。自费留学群体在出国留学群体中的比例和增长速度，奠定了其在出国留学群体中的主体地位，这一群体的壮大也拉动了对留学中介服务的需求，带来了留学中介市场的繁荣。

目前，中国留学生在世界主要留学国家（其中包括美国、英国、澳大利亚、加拿大、德国、法国、日本以及韩国）中稳居国际生占比首位。而根据《2016年美国门户开放报告》显示，中国已连续7年成为美国大学国际学生的主要生源地。越来越多的中国学生走出国门，这是综合国力增强的体现，同时也展现出当前中国学生家长的视野在不断扩展，学生也想选择“不一样的人生”，其主动性学习和多元化交流意识也在提升。“世界那么大，我想去看看”的思想在普通家庭

① 资料来源：《2016年度我国出国留学人员情况统计》，中华人民共和国教育部网站。

中逐渐获得了共鸣。

从统计数据上来看，2016年我国出国留学人数和留学归国人数均稳中有升。其中，出国留学人数较2015年增加2.1万人，同比增长4%。而留学回国人数则增加了2.4万人，同比增长5.72%，回国人数增速超过出国人数增速，如图1–1所示。年度回国人数和年度出国人数的比例也由2015年的78.1%上升至2016年的79.4%，如图1–2所示。

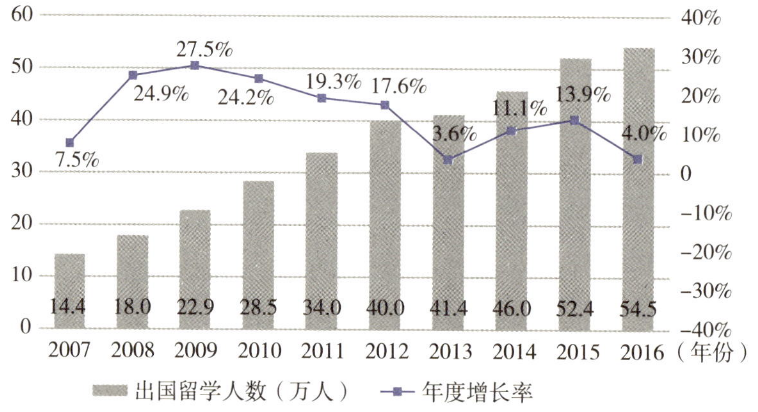

图1–1　2007~2016年出国留学人数及年度增长率

资料来源：教育部涉外监管信息网。

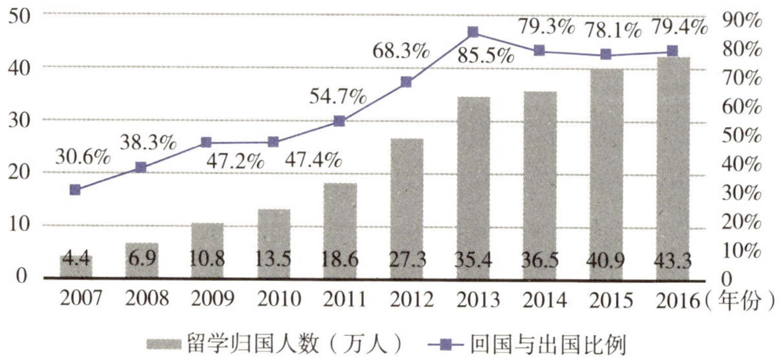

图1–2　2007~2016年中国留学生归国人数及回国/出国比例

资料来源：教育部涉外监管信息网。

留学生回国就业、创业的现象日趋普遍有着来自多方面的原因。首先，主流留学国家及地区签证政策的不断收紧，增加了留学生毕业后在海外工作的难度。其次，留学生“海归潮”的涌现跟中国经济的快速、平稳发展，以及友好的创业环境紧密相连。教育部先后出台了多项激励性政策（地方政府层面则主要提供创业指引，如建立创业园、科技园等），吸引了大批优秀人才回国。此外，国内科技、移动互联网等行业的兴起，也为海外学子提供了良好的从业环境以及新兴产业的创业契机。无论是对于希望回国从事教育或科研工作的学者，还是对于希望在商业上有所建树的精英，国内环境都有着很大的吸引力。

二、留学人群扎堆美、英、加、澳，本科以上学位为主流

在地域分布方面，我国出国留学人员的留学目的国相对比较集中。根据教育部公开的信息显示，2016年，超过90%的留学人员赴美国、英国、澳大利亚等10国，其中选择英语系国家的留学人员占据近80%。[①]近三四年来，我国留学人员首选的10大目的国基本保持不变。此外，虽然近年来“小留学生”这个概念渐渐兴起，但从总体上看，此部分人群尚未形成一定规模。

从学历层次上看，2016年，我国出国留学人员攻读本科以上学历的占据近70%，其中本科生为30.56%，硕博研究生为35.51%。而从宏观市场上看，在本科阶段就选择出国留学的趋势将继续深化。《2016年美国门户开放报告》显示，2015—2016学年，在美攻读本科学位的中国学生人数已连续两年超过了攻读研究生学位的人数。这一方面是国内优质大学本科竞争激烈，就读和择校艰难的结果；另一方面也反映了当今时代由于人们生活水平的提高，很多家庭已经有经济实力来资助子女出国留

① 资料来源：《逾八成留学人员学成后选择回国发展》，中华人民共和国教育部新闻稿。

学。同时我们也看到，选择在工作一段时间以后再出国留学的人数明显增加，不少留学生是在积累了一定工作经验并且具备了一定经济实力以后，才有针对性地出国深造。从出国深造的动机上看，这部分人群的选择更为理性化，其目的也更明确。

而在留学生生源地的分布方面，北京、上海、广州、深圳这样的一线城市依然是我国留学生的主要生源城市，不过二三线城市的留学生数量增速更快——在家庭经济条件允许的情况下，家长希望通过出国留学为孩子创造更好的学习环境。对留学中介服务的需求已开始呈现向二三线城市渗透下沉的趋势。

第二节　留学中介市场的演化进阶

一、大型中介机构运营模式升级

留学市场的不断升温直接带动了留学中介市场的蓬勃发展。随着行业服务的日趋成熟，留学家庭对留学信息及留学准备也有了更为清晰的了解，其留学目标愈发明确，同时也对留学服务有了更高层面的要求。大型中介机构纷纷通过对各项服务进行升级，来满足留学家庭的更高要求。

（1）拓展海外业务，延伸留学产业链

为了进一步提高针对留学生的全方位服务能力，金吉列、新东方前途、启德、澳际、伯乐、威久、艾迪国际、环球行、优越教育等留学机构在全球范围内陆续建立海外直营公司，通过国内外资源的全面联动、整合，形成了一套囊括出国留学申请、海外服务和海归就业的全程服务体系，为提升留学生综合体验提供了有力保障。

（2）聚焦小众市场，服务垂直化全面覆盖

由于语言及专业材料准备方面的要求，非英语系国家或艺术类专业

的申请一直是不少留学家庭的痛点，为此，不少留学中介机构推出垂直化服务模式。例如，新东方前途全面部署了德、日、法、韩、西、意等国家的留学申请业务；并且通过收购斯芬克，直接进入了“艺术培训+留学”这一细分领域，进一步扩大了其服务范畴，以满足客户对不同学科、不同留学地等更为专业化的需求。

（3）定位高端名校，定制化专业服务

留学准备和留学规划因人而异。一些留学家庭会提前2~4年对此进行整体规划，为此，留学中介机构推出了定制化服务模式，根据学生的个人情况及申请时间表提供个性化服务。例如，澳际推出了美国留学定制品牌“傲美达”，为学生提供美国留学申请一站式高端定制服务，其内容涵盖从申请名校的前期准备，到学业和职业目标的长期规划。

二、政策利好正当时，留学中介市场开启新篇章

国务院于2017年1月印发了《国务院关于第三批取消中央指定地方实施行政许可事项的决定》，其中取消了自费出国留学中介机构资格认定项目。取消资格认定后，教育部会同工商总局研究制定相关合同示范文本，加强对自费出国留学中介机构服务的规范和指导，发挥行业组织的行业自律和行业规范作用。教育、工商等部门在相应职责范围内加强事中、事后监管，依法查处违法行为。取消资格认定并不意味着政府对留学中介行业放任不管，该政策是为在简政放权的大方向下转变以前冗繁的管理模式，清理和压缩审批事项，在给予从业机构自由度的同时维护留学中介市场的良性发展。中介资质规范演变历程（1999—2017年）如图1-3所示。

我国逐年递增的留学人数推动了留学中介市场的快速发展。此前，教育部予以认定的自费出国留学中介机构接近650家，行业集中度较低，学生选择较为分散。而取消该资格认定以后，更多的企业可以自由地

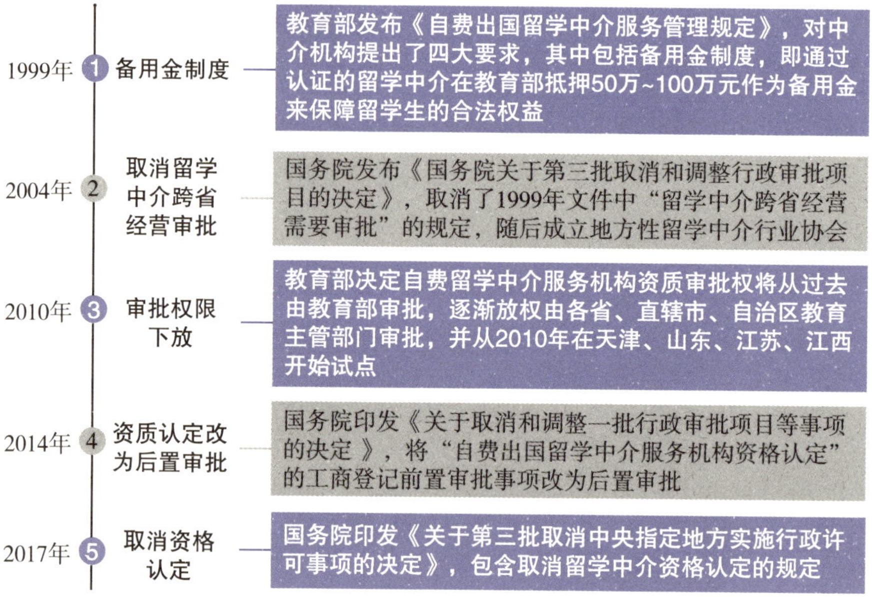

图1-3　我国出国留学中介机构资质规范演变历程（1999—2017年）

进入留学中介行业。这势必会加剧市场竞争，留学中介市场也将呈现出多元化的发展态势。

在取消资格认定的同时，相关监管机构也在法规方面加强了对自费出国留学中介机构的规范化管理。教育部与工商总局出台的《自费出国留学中介服务合同示范文本》也于2017年1月1日正式实施。

随着市场机制作用的逐步增强，留学中介机构经营的外部环境也会得以改善。部分依靠收取挂靠费①存在的机构将丧失竞争力，而一些单纯依赖资质生存的中介机构的市场份额及顾问人员也将流失。在这样的市场竞争环境下，大型留学中介机构需要通过维护品牌、升级服务、细化产品和市场、提升业务人员专业水平等赢得市场竞争优势。这也将倒

① 挂靠费：小型中介机构或者以工作室性质存在的中介机构为了获得大型中介机构的口碑和品牌效应，以向大型中介机构缴纳挂靠费的方式成为大型中介机构的分公司，或者获得使用大型中介机构的名称或品牌资源的权利。

逼中小型留学中介机构重新思考企业的发展方向，不断向大型留学中介机构的服务标准和发展理念看齐，通过精准定位、细分市场找到自己的核心学生群体，提供特色服务、精细化服务，争取市场份额，赢得生存机会。

无论其规模大小、学生数量多少、服务费用高低，留学中介机构作为留学家庭信赖的服务提供方，都是留学家庭在孩子人生道路上的重要节点所选择的合作伙伴。因此，留学中介机构应当秉承“教育是责任”的信念，将留学服务做成良心产业。

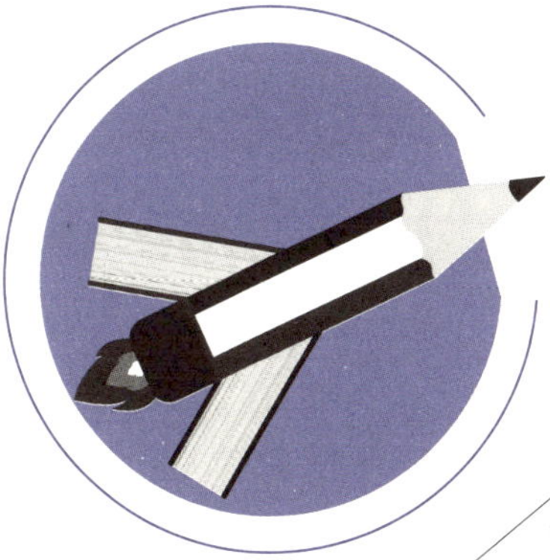

第二章

不同阶段的留学选择

从教育部的统计数据[1]来看，留学人员中的研究生占比已经从10年前的近80%，跌至2016年的35.51%。与之形成对比的是高中和大学本科阶段留学生占比的增加。2016年度，我国出国留学人员在就读本科以下阶段（包括小学、初中、高中）的占比达到33.93%。这个发展趋势反映了中国经济翻天覆地的变化。20世纪六七十年代走出国门的留学生基本都是各方面相当优秀的精英。在那个年代，如果没有奖学金，几乎不可能出国留学——当时平均年收入只有几百元的中国家庭根本无力负担国外高昂的学费。这也是为什么那个时代的留学生基本都在攻读研究生学位的原因，因为只有读研究生才有奖学金或者得到助教等工作机会。2002年，中国城镇居民人均年收入为8 177元；2012年，中国城镇居民人均年收入为21 966元，对于很多家庭来说，送孩子出国留学已经不再是遥不可及的梦想。可以说，在如今这个全球化加速的时代，有一定经济实力的家庭很多都在思考通过留学培养孩子国际化视野的问题。

① 资料来源：《聚焦国家战略 提供人才支撑 留学工作取得显著成绩——十八大以来留学工作情况介绍》，中华人民共和国教育部网站。

第一节　高中及以下阶段：国际化视野从娃娃开始培养

一、留学想法萌生早，高中比例日趋高

如图2–1和图2–2所示，在计划高中及以下阶段留学的人群中男生居多，男生和女生的比例分别为57%和43%；在计划高中及以下阶段留学的学生中，以年龄在15~17岁的高中生为主，占比达到56%。这部分学生基本上都是选择在国外读完高中的最后一年或者就读本科预科，然后直接申请国外的大学。另外，随着留学市场信息透明度的增加以及国外优质私立高中的渗透，有39%的学生会在12~14岁选择出国留学，以美国为例，此年龄段的学生多数正在就读9年级（K9），即高中一年级。国内K9的学生到美国读高一，将使其获得完整的美国高中教育经历。这可以使其在申请大学时获得与美国本地/本州学生相同的待遇，从而有更大的可能性申请到高排名的大学。

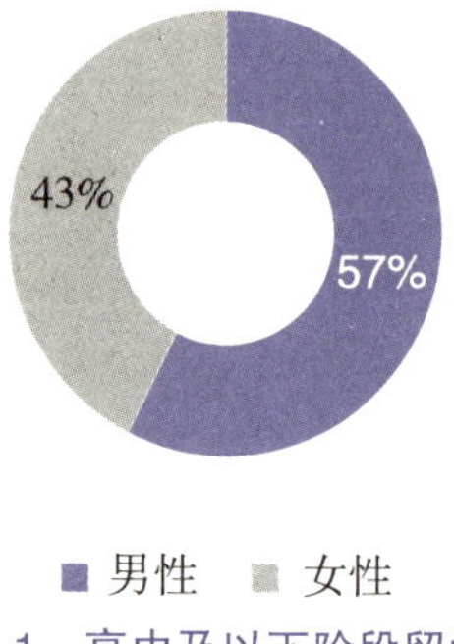

图2–1　高中及以下阶段留学生性别分布比例

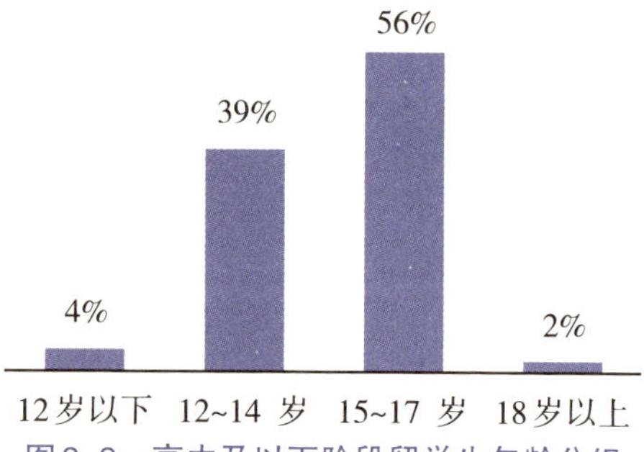

图2–2　高中及以下阶段留学生年龄分组

资料来源：2017年出国留学中介机构客户调研，其中针对计划在高中及以下阶段出国留学的客户，共采集1 095份样本。

根据留学生的出国阶段路径（见图2–3）可以看出，在选择出国读高中的留学生中，大部分都是在初中阶段就萌生了就读国外高中的想

法，并且开始为此努力。部分家庭甚至在孩子小学阶段就开始计划。

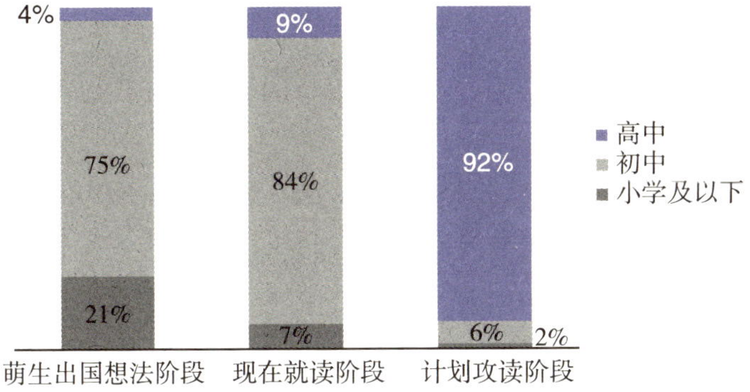

图2-3　高中及以下阶段出国阶段路径

资料来源：2017年出国留学中介机构客户调研，其中针对计划在高中及以下阶段出国留学的客户，共采集1 095份样本。

从计划攻读的阶段来看，低龄留学趋势仍在延续。在留学生中，研究生增长已然停滞，本科生则继续保持稳健增长，高中及以下的留学生增速最快。留学低龄化一方面得益于家长的眼界及经济能力的提升；另一方面，与低龄留学相关的教育产业（如国际学校、留学申请机构、培训教育机构等）的兴起，以及国外教育资源的透明度增加，也为低龄留学孕育了丰厚的土壤。

近年来，学生家长的视野更为国际化。很多60后和70后的家长都对发达国家有一定了解，对其教育方式也有一定认知和理解，这也促使他们想让自己的孩子更早地接触国外文化。暑期欧洲、美国等国外高等学府夏令营、英语强化训练班等也都在不同程度上帮助孩子更早地接触到西方的文化和教育理念，同时也拓展了他们的视野，减少了他们与西方国家的隔阂。此外，在国内严峻的中考、高考形势下，部分有经济实力的家长并不愿孩子参与“千军万马过独木桥”的惨烈竞争，而是转向SAT（美国学术能力评估测验）、ACT（美国大学入学考试）等途径多样的“洋高考”。在这个领域中，国际学校和众多的留学机构又恰好为他们提供了一整套切实有效的解决方案。这也就带动了“小留学生”这一群体的增长——英语中将这一群体叫作“parachute children”（小留学生，指那些被送到另一个国家独自生活或由监护人照看的孩子，他们的父母仍然留在国内）。

随着我国总体经济和家庭收入的稳步提升，较之以往，普通家庭对于留学费用的承受能力也逐渐增强，送孩子出国留学对于他们来说也不再是遥不可及的梦想，而是切实可行的行动方案。相对于我国总体留学群体（平均家庭年收入为81.35万元），低龄留学群体家庭的经济条件普遍更好，其年收入平均为82.02万元，如图2–4所示。

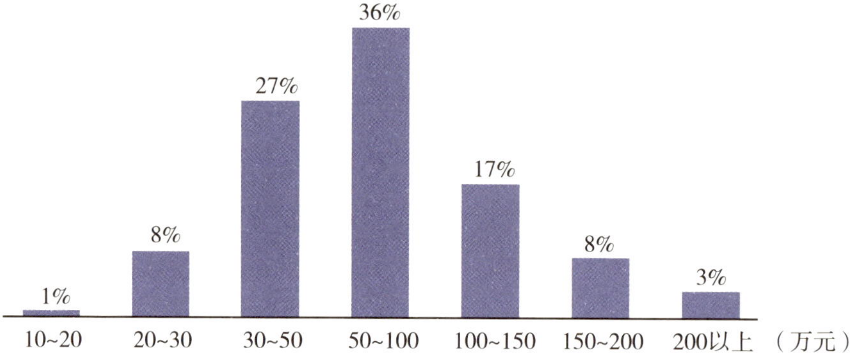

图2–4　高中及以下阶段留学家庭收入

资料来源：2017年出国留学中介机构客户调研，其中针对计划在高中及以下阶段出国留学的客户，共采集1 095份样本。

聆听留学心声

在英国读高中的William关于低龄留学的一点分享

扫二维码获取音频资料 ▶

二、低龄出国挑战与优势并存

尽早适应国外教育环境是高中及以下阶段的学生和家长选择出国留

学的主要动因，如图2–5所示。国外的教育模式非常重视对学生创造能力的培养和开发。国外学校在对学生进行综合评价的同时，也会去捕捉学生的优秀特质进而因材施教，以便在更大程度上激发学生的学习潜能；从课程设置的角度来说，国外学校所提供的课程更具多样性，可以满足学生不同的学习需求。国外学校普遍采用学分制，学生可以主动地选择自己感兴趣的科目进行学习。

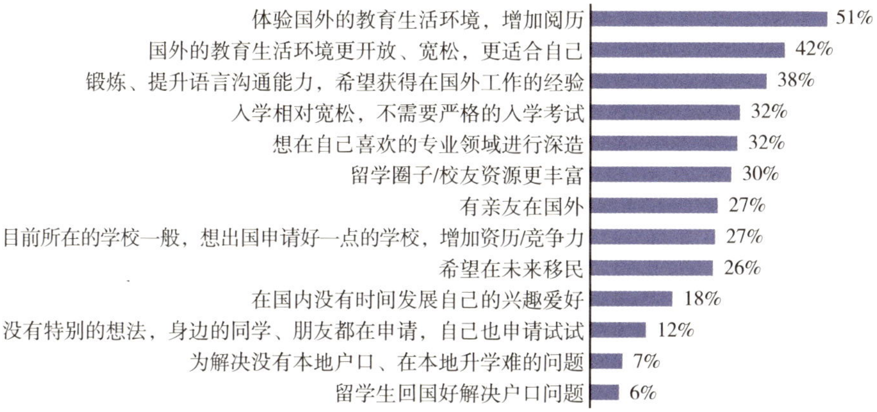

图2–5 高中及以下阶段出国留学动机

资料来源：2017年出国留学中介机构客户调研，其中针对计划在高中及以下阶段出国留学的客户，共采集1 095份样本。

42%的学生认为国外的教育生活环境更为开放和宽松，也更适合自己。另外，部分国外学校的入学条件也相对宽松，不需要严格的入学考试，这也是很多学生选择在高中及以下阶段就出国留学的重要因素。

另外，锻炼提升语言能力和跨国沟通能力也是学生和家长选择低龄出国留学的因素之一。国内的许多学生即使在雅思或者托福考试中取得高分，也难以达到实际留学过程中的语言要求，所以适应全新的语言环境对于留学生来说是非常重要的一环，而在英语系国家生活无疑比仅靠课本学习的方式更有利于学生整体英语水平的提高。于是，越来越多的学生选择在高中及以下阶段出国留学，以便适应当地语言环境，为未来大学的学习打下坚实的基础。在国外多元化的学习环境中，由于中外文化及思维方式的差异，留学生在课堂学习以及和同学交流的过程中，不仅可以转换中西方的思维方式，同时也可以提升跨国沟通能力。

在出国留学申请阶段，对留学国家的选择依旧是学生和家长首要考虑的因素，同时，学校的师资力量及其所在城市也是申请时的重要考虑因素。如图2-6所示，35%的学生和家长都将留学国家作为留学的第一考虑因素，同时综合考虑学校的师资力量、学费，学校所在国家或城市以及知名度等来缩小选择范围。由于教育模式的不同，不同国家，甚至同一国家的不同城市，其课程设置也会有所区别，这对学生以后申请大学甚至就业都会有不同程度的影响。高中及以下阶段留学国家和地区的选择关系到学生未来大学的申请，因此留学国家的整体提及度也是最高的。这与高中及以下阶段学生的求学目的相符。

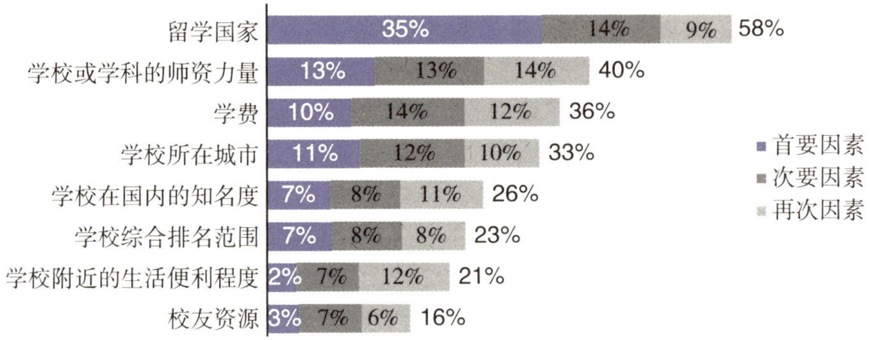

图2-6　高中及以下阶段出国留学考虑因素

资料来源：2017年出国留学中介机构客户调研，针对计划在高中及以下阶段出国留学的客户，共采集1 095份样本。

有13%学生和家长将学校的师资力量作为主要考虑因素。师资力量在一定程度上体现了学校的整体教育水平，而良好的师资力量也是培养优秀学生的前提条件。大部分高中及以下阶段学生的出国留学目的是申请国外的一流大学，因此，学校的升学率也是学生和家长择校时的重要考虑因素，而升学率在很大程度上取决于师资力量。

在学习之余，高中及以下阶段学生普遍还没有离开父母独立生活的经验和能力，其生活能力在一定程度上还有所欠缺。所以，学校所在城市的生活便捷程度和安全性，也是学生和家长在选择学校时不容忽视的考虑因素。

如图2–7所示，在留学地区的选择上，北美地区依然是最热门的选项。对于高中及以下阶段的留学家庭，他们更愿意选择就读美国、加拿大的学校。北美地区可选择的学校多固然是一方面原因；同时，其在未来申请大学的优势上、教育模式的先进性上都处于不可撼动的位置。同时，澳大利亚和新西兰也在诸多留学家庭的考虑范围之内。高中及以下阶段的学生选择去欧洲留学的比例并不高，主要是由于那里可供选择的留学国家和学校较少，并且有语言上的门槛，这使很多留学家庭望而却步。当然，随着留学区域选择的日益多样化，“留学就要去欧美”的观点也在逐渐被打破。一些亚洲国家和地区距离较近，也可以作为本科阶段申请英、美等国学校的跳板，其中西合璧式的英文教育模式也逐渐得到国内中小

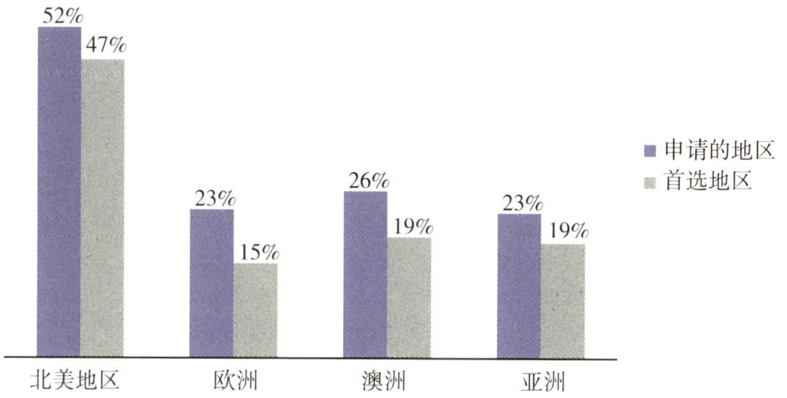

图2–7　高中及以下阶段留学地区选择

资料来源：2017年出国留学中介机构客户调研，其中针对计划在高中及以下阶段出国留学的客户，共采集1 095份样本。

学生家长的认可，由此带来的是去新加坡等亚洲国家和地区留学逐渐升温。

从近年高中及以下阶段学生的留学国家选择来看，美国依然是首选，随后依次是加拿大、澳大利亚和英国，如图2–8所示。美国作为世界一流大学的聚集地，吸引了许多学生，有37%的学生和家长申请去美国留学，并且有34%的学生和家长将美国作为首选留学国家。同时，有20%的学生和家长表示愿意前往澳大利亚留学，其中14%的学生和家长将澳大利亚作为首选的留学国家。另外，分别有13%和12%的低龄学生和家长将加拿大和英国作为首选的留学国家。

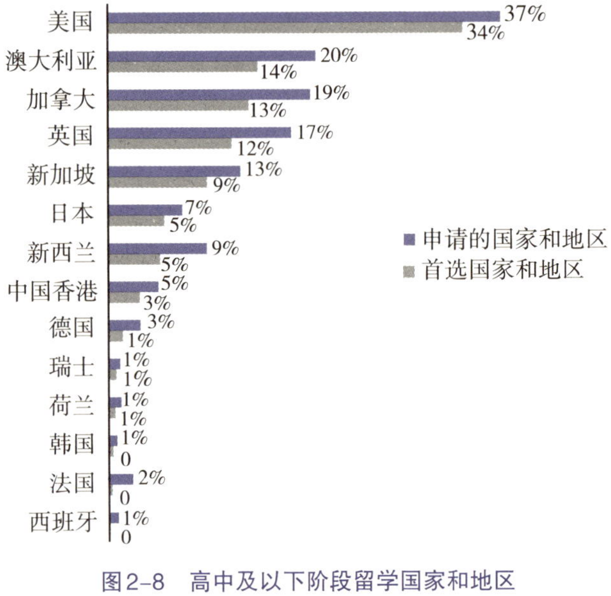

图2–8　高中及以下阶段留学国家和地区

资料来源：2017年出国留学中介机构客户调研，其中针对计划在高中及以下阶段出国留学的客户，共采集1 095份样本。

如图2–9所示，在选择留学国家时，33%的学生和家长会考虑留学国家的综合教育环境。首先，教育环境好的国家，其政府在教育事业上的投入比较高，而良好的教育氛围以及浓厚的科研及文化底蕴更有利于学生的发展。其次，30%的学生和家长认为学校的实力也是考虑留学国家时的主要因素。家长希望孩子在体验国外教育模式的同时学到真本事，增加进入一流大学的机会，而学校的教学资源、课程丰富度等综合实力决定了其进入一流大学的可能性。此外，由于整个留学过程的花费对于普通家庭来说是一笔不小的支出，因此这也是留学家庭的重要考虑因素。

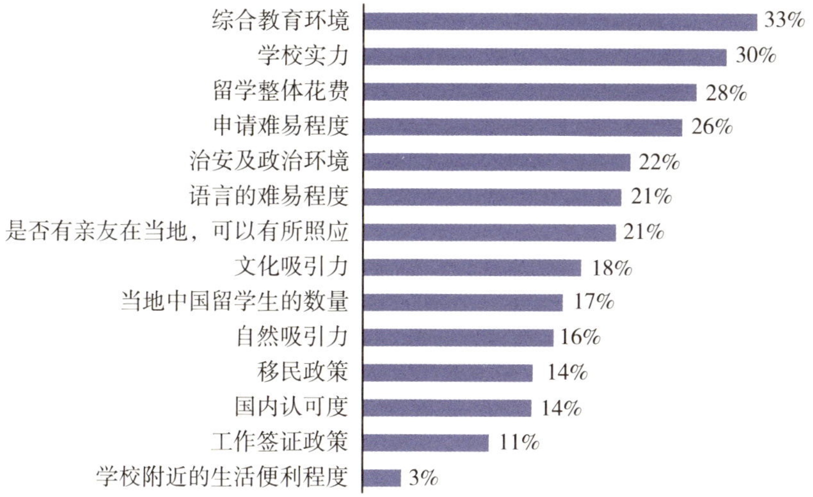

图2-9　高中及以下阶段申请国家考虑因素

资料来源：2017年出国留学中介机构客户调研，其中针对计划在高中及以下阶段出国留学的客户，共采集1 095份样本。

治安及政治环境也是学生和家长重点评估的一个方面。在高中及以下阶段出国留学的学生，其年龄普遍在18岁以下。由于年龄小，大部分学生的自我保护意识较弱，自我保护能力较差，因此，家长在安全方面有所顾虑。

高中及以下阶段的留学群体大多在出国前没有独立生活经验，在独立生活能力和环境适应能力方面都有所欠缺。另外，这一部分学生大多是独生子女，在家里“集万千宠爱于一身”，因此他们中的一部分在出国之后会有各种不适应的情况。不会照顾自己的饮食起居是很多家长以及学生自身所担心的。相对于全是当地学生的环境，家长还是更愿意选择留学生较多的学校和社区，以减少孩子出国之后在生活和环境上的不适应感。因此，是否有亲友在当地可以有所照应以及当地中国留学生的数量，也是很多学生和家长考虑的重要内容。

对于目前一些主流的留学申请国家，学生和家长的选择理由也各有侧重，具体的考虑因素如表2-1所示。

表2-1 高中及以下阶段选择主流留学国家（美国、加拿大、澳大利亚和英国）时的考虑因素

考虑因素	美国	加拿大	澳大利亚	英国
样本基数	380	162	164	134
综合教育环境	32%	25%	35%	38%
学校实力	35%	26%	34%	25%
留学整体花费	23%	29%	37%	22%
申请的难易程度	25%	31%	22%	28%
治安及政治环境	23%	23%	20%	25%
语言的难易程度	20%	26%	23%	25%
是否有亲友在当地，可以有所照应	25%	22%	23%	15%
文化吸引力	17%	20%	16%	17%
当地中国留学生的数量	14%	18%	15%	20%
自然吸引力	15%	18%	13%	17%
移民政策	14%	14%	17%	12%
国内认可度	16%	13%	13%	12%
工作签证政策	9%	8%	8%	14%
学校附近的生活便利程度	3%	3%	4%	5%

资料来源：2017年出国留学中介机构客户调研，其中针对计划在高中及以下阶段出国留学的客户，共采集1 095份样本。

在高中及以下阶段选择留学学校的过程中，多数家庭还是倾向于选择师资力量雄厚以及硬件设施好的学校，同时通过比较学校的升学率并结合其硬件条件，综合考量学费等因素做出最佳选择。在这些条件当中，学校的师资力量和教育水平是家长考察的重要方面，他们希望孩子通过出国留学能够学到真正的本领，并升入理想的大学。如图2-10所示，在高中及以下阶段留学家庭学校选择的考虑因素中，学校排名并不是影响其选择的主要因素。对于中学阶段的学生，除了非常知名的高中外，学校排名对其以后申请大学甚至就业没有直接影响。这是因为国外的大学普遍更注重学生的综合素质和能力，以及平时成绩等，而并不以学校排名论英雄。

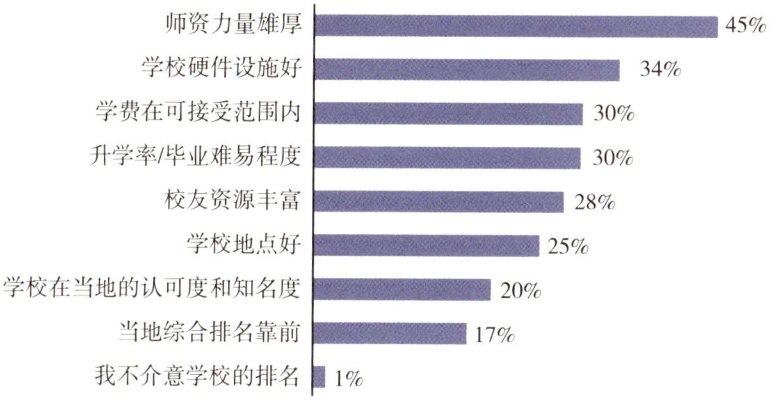

图2-10 高中及以下阶段选择留学学校的考虑因素

资料来源：2017年出国留学中介机构客户调研，其中针对计划在高中及以下阶段出国留学的客户，共采集1 095份样本。

语言成绩是高中及以下阶段学生自身硬件条件中的重要组成部分。语言关是学生出国留学前面临的第一道关卡，也是留学生活的重要考验；语言能力不仅体现在语言成绩能否帮助学生申请成功上，也决定了学生之后是否可以顺利适应国外的学习、生活，进而影响其留学的总体质量。语言能力强的学生能够更快地融入国外的教学环境和学生社交圈，更加自信地表达自己。反之，语言能力不足会让孩子在陌生的环境中产生巨大的心理落差和恐慌感，不利于孩子在国外的成长。语言能力对低龄留学群体更加重要，因为其出国较早，各方面还不成熟，面对问题，尤其是心理问题时，难以自己消化和解决。

在国内所就读学校的知名度对于高中及以下阶段的留学申请也十分重要。随着国内留学申请者的增多，很多国外中学对国内中学的情况表现出更多的关注，也逐渐有了更全面的了解，在众多平时成绩和语言成绩相当的申请者中，它们更倾向于依靠中学的排名、知名度学制和教学模式等信息来判断学生的综合素质以及优劣势。这里所说的国内认可度比较高的中学除了各地排名靠前的学校外，也包括一些学校的国际部以及国际中学。

学生的在校成绩及排名对于申请一所满意的学校也是十分重要的。大部分国外中学要求学生提供最近三年的期中、期末各科成绩，成绩排名在前15%的学生有更大的竞争力。

国外院校不论是中学还是大学，都十分重视学生兴趣和特长的发展，更看重他们在参与这些活动时所表现出的毅力、团队协作能力、领导力等个人素养。在留学申请过程中，当国外的招生官见惯钢琴、小提琴等出镜率比较高的特长时，一些小众的、更能凸显学生个人素养的运动和音乐特长更容易受到其青睐。比如棒球，在凸显刻苦训练的同时，也能彰显自己在团队协作中的领导力、执行力等。此外，丰富而有意义的课外活动也可以达到类似的效果，呈现出学生有爱心、有能力、有想法等个人特质。

简历和个人陈述也是申请中的重要组成部分。简历和个人陈述作为留学申请中展现个人特点的重要途径，是申请中最具个性化和挑战性的部分。该部分是国外中学全面了解学生的重要途径，同时也是招生官评价学生综合能力的重要标准。

从整体来看，留学人群对于自身硬件条件较为自信，如图2-11所示。平时成绩及排名是学生最有把握的部分，其次是现阶段就读学校的知名度和排名。这充分体现出在高中及以下阶段出国留学群体中，大部分申请者是学习成绩优异的学生。他们在国内的学习成绩很优秀，普遍就读于当地首屈一指的学校，有着漂亮的成绩单。对于他们来说，出国留学是学生和家长理性决策之后选择的一条更有利于孩子自身发展的道路。

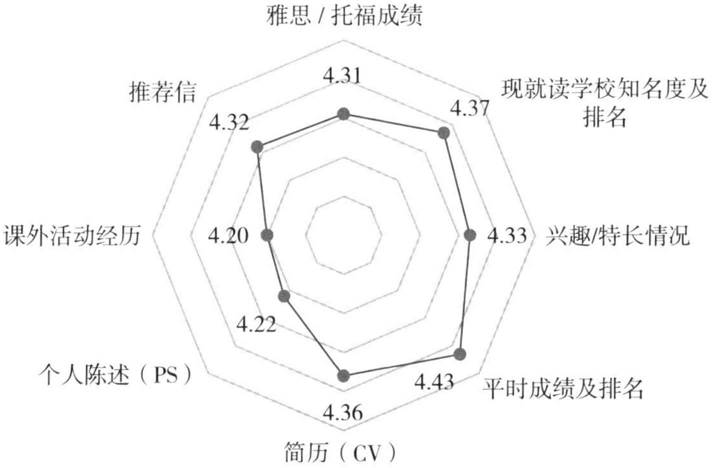

图2–11　高中及以下阶段对自身申请条件的满意程度打分

资料来源：2017年出国留学中介机构客户调研，其中针对计划在高中及以下阶段出国留学的客户，共采集1 095份样本。

学生不自信的环节在于课外活动经历和个人陈述，这两者是绝大部分留学申请者的共性问题。国内学校和家庭对于中学生的培养主要以课内学习见长，对于课外活动，尤其是国外中学看重的课外活动涉猎相对较少，学生在这些方面付出的时间和精力非常有限。志愿者活动，建立或加入社团，参加演讲和辩论比赛，参与话剧演出等，都会为课外活动经历增色不少。而在个人陈述方面进行深度总结和挖掘是大部分学生和家长自己无法做到的，需要借助专业的力量——通过头脑风暴、写作训练等方式帮助学生将已有的经历完美地展现出来，以此打动招生老师。

聆听留学心声

在加拿大的孙宪涛家长关于孩子低龄
留学规划的一点分享
扫二维码获取音频资料 ▶

第二节　本科阶段：千军万马过独木桥的盛况或已改变

一、自学阶段有衔接，中学开始做准备

在选择大学阶段出国留学的人群中，男生和女生的人数基本达到平衡，如图2-12所示。

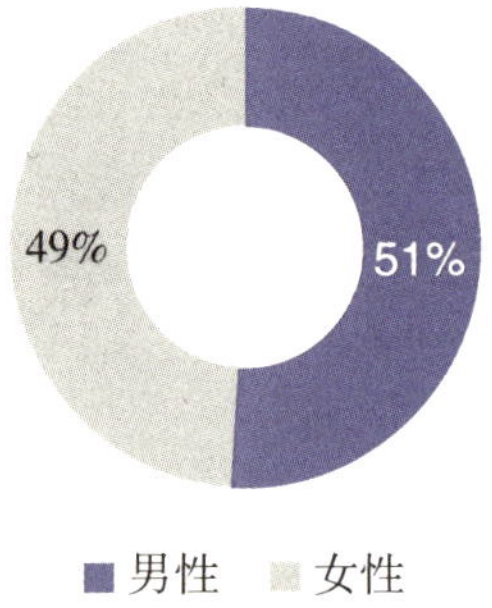

图2-12　大学本科阶段留学生性别分布比例

资料来源：2017年出国留学中介机构客户调研，其中针对计划在大学阶段出国留学的客户，共采集1 352份样本。

从出国阶段路径来看，这部分学生大部分都是在初中、高中阶段开始有出国攻读本科的打算，有一小部分的学生是在大专和大学阶段才有此想法，如图2-13所示。

如图2-14所示，相较于低龄留学阶段，大学阶段留学群体的家庭收入水平有所下降，有33%的家庭年收入在50万~100万元，其年收入平均为78.56万元。一般来说，选择在大学阶段留学的学生，若其倾向

于读研，则会选择继续在国外完成研究生课程，因此，其留学费用预期也会随着留学时间的延长而增加。

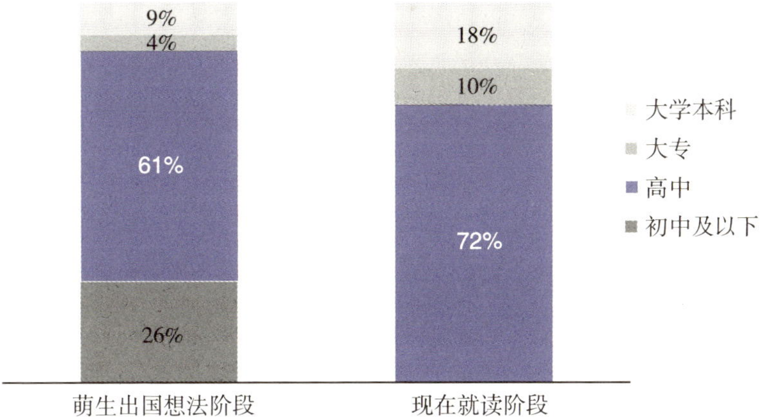

图2-13　大学本科阶段出国阶段路径

资料来源：2017年出国留学中介机构客户调研，其中针对计划在大学阶段出国留学的客户，共采集1 352份样本。

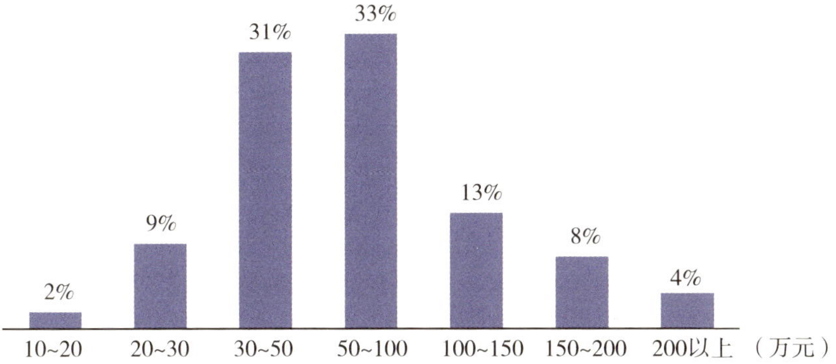

图2-14　大学本科阶段留学家庭收入

资料来源：2017年出国留学中介机构客户调研，其中针对计划在大学阶段出国留学的客户，共采集1 352份样本。

二、留学国家更为分散，留学选择趋于多样

体验国外的教育生活环境、增加阅历这一动机在大学阶段申请留学

的学生身上，体现得更加明显——有52%的学生将其列为主要因素，如图2–15所示。国内高校的教育模式注重课本知识的讲解和学习，基础教育扎实，尤其是理科类；而且，国内学生注重对文学类、历史类的了解，这些都是大学阶段留学申请的加分项。国外高校则更重视对学生的素质以及综合能力的培养。与此同时，国外的教育环境更为开放，学生可自由安排自己的学习规划，这样的教育模式让学生有更多的时间探索和学习自己感兴趣的内容。从某种意义上来说，家长更多的是希望孩子通过留学增加阅历，在留学过程中培养国际化的视野，以及对不同文化的包容和理解能力。

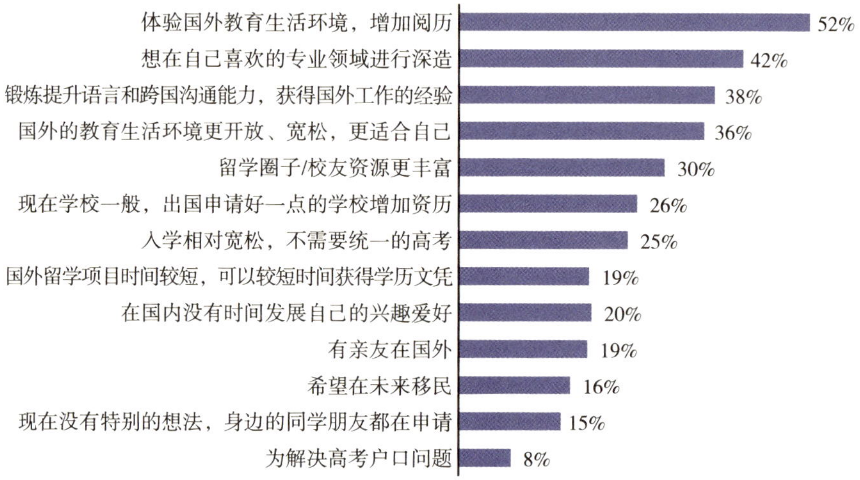

图2–15　大学本科阶段出国留学动机

资料来源：2017年出国留学中介机构客户调研，其中针对计划在大学阶段出国留学的客户，共采集1 352份样本。

此外，国外高校可以在很大程度上满足学生在自己喜欢的专业和领域上进行深造的需求。国外高校的课程设置紧密围绕学生所学专业，使其可以从更多的层面和角度对所选专业进行更为深入而细致的研究，学生可以自主选择更符合自身兴趣和未来规划的学科进行学习。很多国外的高校允许学生在低年级阶段相对自由地调整专业，并且，国外的高校在选课方面跨专业壁垒较小，学生可以根据自己兴趣选择多个专业的课程。在成绩满足要求的情况下，申请跨专业双学位流程简单且成功率高。在申请成功后，学生按照专业课程设置和学分要求选修课程，修满学分后即可获得学位。

在大学阶段留学的学生以学习专业知识为主要目的，国外高校的课程学习大多以案例、研究成果以及论文为主，平时的作业会不断引导学生自主思考、学习和探索。这些拥有尖端教育资源且注重学术能力培养的国外高校，能满足学生在专业领域深造的需要。

国外大学入学条件相对宽松，不需要参加“一次高考定终身”似的考试也是学生和家长申请国外大学的重要因素。以申请美国大学本科为例，学生在申请时需要提供三个标准化成绩，并选择性提供AP课程（advanced placement，美国大学先修课程）成绩。其中，三个标准化成绩包括托福成绩、高中成绩以及SAT（美国大学入学考试）成绩。除高中成绩外，这些考试都可以多次参加，学生可以从多次考试成绩中选出最高分进行申请，而且学生可以申请多个学校的多个专业，有更大的选择性和灵活性。

国外名校众多，优质教育资源丰富，尤其是在基础学科的科研资源方面，很多世界顶尖研究所都集中于欧美名校。因此，近年来国内学生越来越多地涌向欧美国家深造，留学也不再是有钱人“镀金”的专属方式，而逐渐吸引了普通家庭的子女。

在申请国外大学时，留学国家和留学专业是学生的首要考虑因素，如图2–16所示。在申请国外大学时，51%的学生和家长会着重考虑出国留学国家，其中有30%的学生和家长将留学国家作为首要考虑因素。选择了留学国家也就等于选择了相应国家的教育模式和文化，对学生大学期间的学习生活以及毕业后的发展有着至关重要的影响。而对留学专业的选择则意味着明确了未来的学习内容及工作方向。此外，有12%的家长和学生首要关注学校和专业的师资力量，这和学生希望在自己喜欢的专业领域深造，提高就业时的竞争力相吻合。学校知名度是学校实力和排名的综合体现，也代表了学生学成回国后的被认可度，这也是家长和学生在做留学申请决定时极为重要的考虑因素。学费的整体提及度也较高，很多家长和学生将其作为第五重要的考虑因素，出国留学毕竟花费较高，对于一个家庭来说也是要着重考虑的。

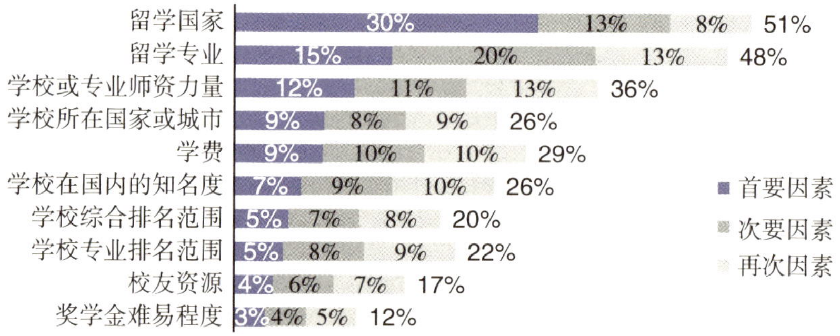

图2-16　大学本科阶段出国留学考虑因素

资料来源：2017年出国留学中介机构客户调研，其中针对计划在大学阶段出国留学的客户，共采集1 352份样本。

从留学地区的选择来看，北美和欧洲依然是“大众情人”，但其热度在逐渐降低，而去亚洲地区留学则在逐渐升温，留学国家和学校的选择也更为多样化。如图2-17显示，22%的学生将亚洲地区作为留学的首选地区，这一数据已经超过澳洲，成为继北美地区和欧洲之后留学的热门选择。留学费用低、签证政策宽松以及就业前景乐观都是亚洲地区留学人数增加的主要原因。相对北美和欧洲地区，亚洲地区的留学费用优势明显，以新加坡为例，其学费仅为欧美国家的40%，每年学费加生活费为13万~19万元。亚洲地区的签证政策相对宽松且成功率高，通常签证签出仅需1~6周的时间。近年来，新加坡的经济发展更为稳健，不仅在亚洲经济体中排名稳居前列，在全球经济体的竞争中也逐渐崭露头角，而经济的快速发展也势必会带来更大的人才需求。

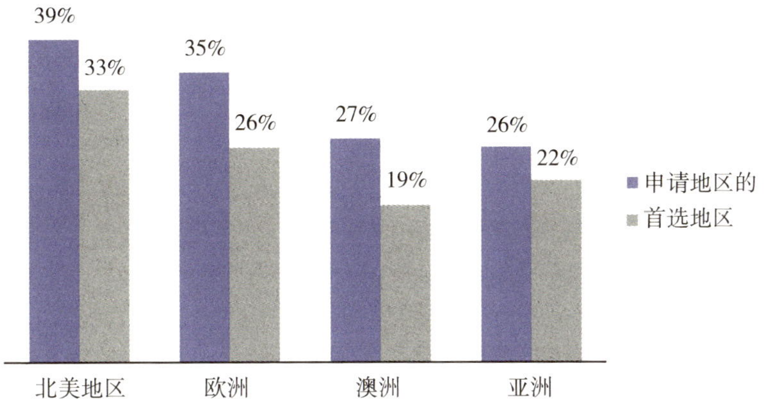

图2-17　大学本科阶段申请的地区和首选地区

资料来源：2017年出国留学中介机构客户调研，其中针对计划在大学阶段出国留学的客户，共采集1 352份样本。

从计划申请国外大学的学生的留学国家选择来看，虽然美国、英国、加拿大及澳大利亚等热门留学国家依然是留学的主流国家，但从占比上看，留学国家的选择渐趋于分散和多元化。在首选申请方面，主流四国占比约为60%，如图2-18所示，已经不复早期接近90%的盛况，而去日本、新加坡、新西兰、韩国留学则逐渐升温。

丰富的教学资源是学生选择美国的重要原因，美国拥有各类高校4 000余所，不仅涵盖了综合性研究型大学，还包括专业性学院及两年制社区大学等。同时，美国也拥有丰富的奖学金资源。除了学校以外，美国的政府部门、众多的基金会以及各类专业机构均会为学生提供奖学金。2010年以来，随着美国学生签证政策的逐年放宽，中国已成为美国大学国际学生的主要生源地。值得注意的是，申请美国大学的人数在逐年增加，而美国大学的招生计划却基本不变，因此，申请美国大学的竞争日趋激烈。数据显示，2004年以来，中国留学生入读美国名校的比率持续下降。以康奈尔大学为例，其录取率由2004年的29.44%一路跌至2016

年的13.96%，下降了一半以上。[①]在这种竞争激烈的环境下，我国的留学生数量又在逐年增加，势必需要其他国家的学校来分流众多学生生源。不过，申请美国学校的学生占比虽然在减小，但是将其放大到54.45万留学生中，这一基数依然庞大。

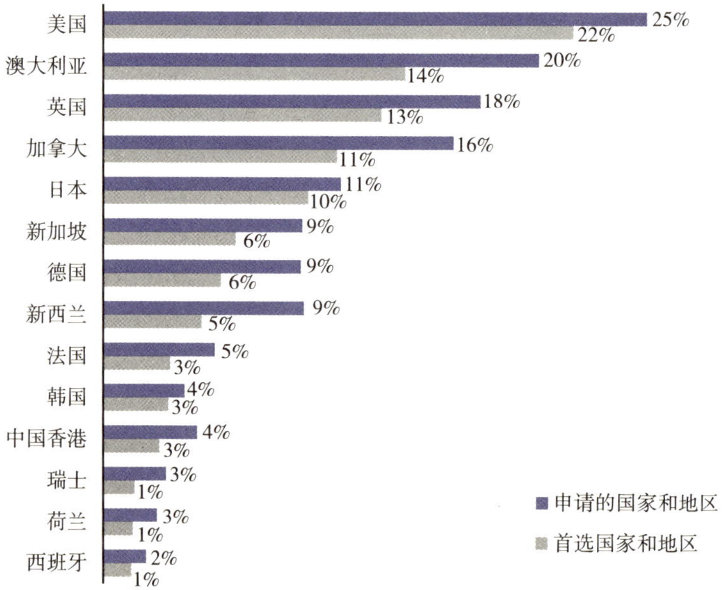

图2-18 大学本科阶段留学国家和地区

资料来源：2017年出国留学中介机构客户调研，其中针对计划在大学阶段出国留学的客户，共采集1 352份样本。

教学质量高、学制短是英国成为留学热门选择的主要原因。英国大学的高教育质量在全球范围内受到广泛认可，英国拥有剑桥大学、牛津大学、伦敦大学学院、帝国理工学院等众多一流大学，共有18所大学进入“QS世界大学排名”前100强，占英国大学总数的15%。大学本科仅3年的学制也让留学英国变得炙手可热。相对较短的学制为学生节省了时间和留学费用，与此同时，社会环境相对稳定也是众多学生

① 资料来源：康奈尔大学官网。

选择英国的重要原因。样本数据显示，13%的学生将英国作为首选的留学国家。

加拿大因其高质量的生活、教育和社会福利保障水平，已连续7年被联合国评为最适宜居住的国家之一。加拿大不仅拥有丰富的学校资源（如多伦多大学、麦吉尔大学、滑铁卢大学等世界一流大学），且大学学费相对较低，在一定程度上减轻了学生的经济压力，这都使得加拿大成为大学阶段留学的热门国家。样本数据显示，16%的学生计划申请加拿大的大学，11%的学生将加拿大作为首选的留学国家。

位于南半球的澳大利亚风景优美、气候宜人，以其优质的教育资源和宽进严出的招生机制成为14%学生留学的首选国家。入学门槛相对较低以及逐年放宽的签证政策也是近年来学生选择留学澳大利亚的主要因素。

除英国外，欧洲其他国家，如法国、瑞士、意大利、德国、俄罗斯等国，凭借其各自在不同学科上的优势，也吸引了很多中国学生。法国巴黎和意大利米兰是世界闻名的时尚之都，以艺术、奢侈品管理专业闻名；瑞士拥有全世界顶尖的酒店管理和精细制造专业；德国因其强大的汽车工业和机械制造而成为制造大国；俄罗斯是唯一向中国学生开放军工专业的国家……这些国家的优势专业吸引了一批目标明确的中国学生，他们愿意克服语言障碍选择去欧洲留学。

随着留学国家日趋多元化，日本、新加坡、新西兰、韩国等国也在逐渐升温。教育资源丰富、学费低廉及入学门槛相对较低都是学生选择这些国家的主要原因。以新加坡为例，其大部分商学院都与欧美名校联合办学，在保证教育质量的同时，放低了入学门槛。学生在申请时不需要提供雅思等语言成绩，节省了学生的部分时间和精力，加之新加坡具有地理优势，因此吸引了一大批中国学生。

大学本科阶段主要留学国家的具体考虑因素如表2–2所示。

表2-2 主要留学国家的具体考虑因素

考虑因素	美国	加拿大	英国	澳大利亚
样本基数	297	148	176	191
综合教育环境	38%	36%	29%	36%
学校实力	33%	22%	28%	29%
留学整体花费	22%	20%	22%	25%
申请难易程度	21%	28%	22%	31%
专业排名	26%	17%	23%	26%
文化吸引力	22%	22%	19%	20%
治安及政治环境	19%	22%	19%	21%
国内认可度	32%	17%	24%	14%
自然吸引力	18%	16%	24%	14%
语言难易程度	13%	14%	18%	17%
亲友在当地，可相互照应	8%	23%	13%	10%
工作签证政策	9%	18%	12%	14%
项目时间长度	19%	10%	13%	8%
当地中国留学生数量	9%	10%	15%	15%
移民政策	9%	19%	12%	14%
所在城市实习就业难度	2%	4%	6%	3%
学校附近的生活便利程度	0	1%	1%	2%

资料来源：Payscale美国高校毕业生就业情况和薪资报告。

从大学阶段学生申请的专业来看，理科和商科仍然是申请的主流方向，分别占比31%和24%，如图2-19所示；其次为文科和工科，分别占比19%和14%；而社会学科和艺术类专业分别占比6%和4%。

理科因其就业前景好、注重科研能力的培养以及丰厚的奖学金，其在留学专业申请时的热度一直居高不下。理科是自然科学、应用数学以及数理逻辑的统称，涉及的学科主要有：数学、物理学、化学、生物学、计算机软件应用等。理科专业就业前景与文科相比也有着很大的优势。美国人口普查局2012年的报告显示：同样是学士学位，按工作40年计算，工程专业的毕业生比教育学专业的毕业生多赚160万美元。在学士学位中，工程专业的薪资最高，其次为计算机专业，第三则是物理学、

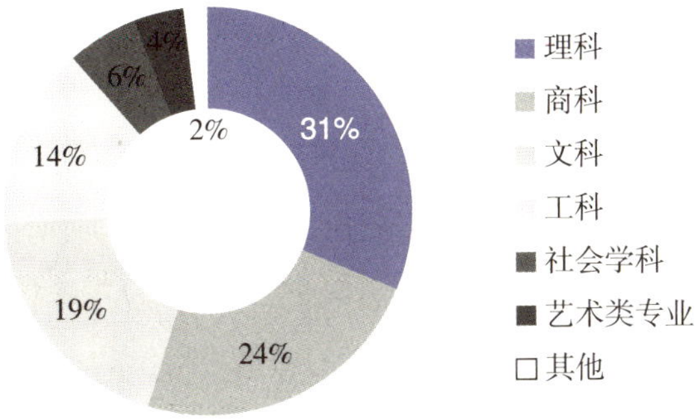

图2-19　大学本科阶段申请专业分布

资料来源：2017年出国留学中介机构客户调研，其中针对计划在大学阶段出国留学的客户，共采集1 352份样本。

化学及生物等自然科学相关专业。国外理科教育不仅践行了理论联系实际的培养模式，而且会注重科研能力的培养，这使得不少学生在本科阶段就在科研领域崭露头角。以美国大学为例，学生从本科一年级下学期开始就有机会跟随教授进行课题研究，在暑期阶段还可以申请“本科生科研经验计划”（research experiences undergraduates，REU）全额奖学金项目。不少学生正是由于在本科阶段就打下了坚实的基础，其在科研领域的发展才后劲十足。此外，在国外大学的奖学金设置方面，理科的奖学金也比文科的更多一些。除了一些热门专业，许多理科专业的学生一经录取就有奖学金。

近年来，商科一直是中国留学生选择的热门专业，涉及的专业领域主要是FAME，分别代表金融（finance）、会计（accounting）、管理（management）和经济学（economics）四大专业。学生毕业后主要从事企业管理者、投行高管、会计师、咨询师等高薪职业。未来就业前景好、容易毕业也是学生选择商科的主要原因。虽然近年来商科人才扎堆导致毕业生就业竞争更为激烈，但商科相较于其他专业的投入产出比仍有较大优势。从全球角度来说，并非只有中国学生才热衷于申请商科专业，欧美国家的学生也是如此。这是市场经济发展对商科人才产生的必然需求，却也增加了申请的难度。目前中国经济正处于快速发展时期，对商科人才有较大需求，可以预见，商科人才在未来仍有较大优势。但是，申请商科的门槛并不低，雅思6.5分、托福90分是申请商科的语言基础线；而对有志申请一流院校的学生来说，GPA（平均学分绩点）最好保持在85分以上。值得注意的是，部分国外高校在本科时期并不设立商科。以哈佛大学为例，在哈佛大学为本科生提供的48个专业中并没有商科。如果中国学生立志攻读这些大学的商科，那么建议在本科阶段选择数学等基础性学科，到研究生阶段再选择商科。

部分学生选择可以更多地培养语言能力、与人沟通较多的人文社会科学，具体申请专业为法律、传媒学、历史、文学、政治、哲学等。国外文科的教育资源较为丰富，许多前沿的研究方法和理论都诞生于欧美大学和研究所，可以说，国外大学是人文社会科学创新的摇篮。在某些传统印象中，文科专业在就业方面稍显弱势。事实上，近年来文科专业的就业前景已悄然改变。以文科专业中的传媒学为例，随着全球信息传播媒介和方法的不断变革，该专业的就业方向也趋于多样，且需求增多。甚至还有很多学生一毕业就以创业的方式开启了自己全新的人生体验。

工科因其就业发展空间大以及申请竞争相对较少，在留学专业的申请中一直立于不败之地。许多国家的本地毕业生无法满足社会对工科专业的需求，因此，工科留学生在国外的就业概率大大增加。据美国劳工部发布的2010–2020年就业趋势显示，个人护理器械和服务，以及社区和社会公共建设领域在未来分别将会有27%和24%的职位增长，其中以医疗健康、与建筑和开采相关的工科专业为主。从申请难度上来说，工科专业的申请难度相对较低。一般来说，工科专业要求学生的雅思成绩为6.0~6.5分，同时，大部分学校都为工科专业语言成绩不佳的学生提供了入学前的语言培训课程，帮助学生在课程开始前达到入学要求。

在大学阶段申请留学时对于不同专业的选择，有其不同的考虑因素，如表2–3所示。

表2–3　大学本科阶段申请不同专业的考虑因素

考虑因素	总体	理科	商科	文科	工科	社会学科	艺术类
样本基数	1 352	424	318	261	194	77	53
专业实用性	40%	38%	47%	33%	38%	32%	53%
自己的兴趣方向	38%	40%	33%	40%	40%	42%	36%
专业实力	38%	38%	42%	37%	35%	31%	28%
就业前景	31%	28%	42%	23%	27%	44%	30%
申请的可行性	31%	34%	27%	31%	36%	18%	27%
申请的难易程度	25%	25%	23%	30%	27%	30%	21%
跨专业成为复合型人才	24%	24%	21%	25%	28%	20%	25%
转专业到自己喜欢的方向	21%	15%	20%	27%	25%	23%	25%
目前专业继续深造	20%	22%	18%	15%	22%	22%	28%
师资力量	12%	14%	12%	13%	8%	17%	6%
奖学金情况	12%	12%	11%	16%	9%	9%	19%
项目时间长度	8%	9%	5%	12%	5%	12%	4%

资料来源：2017年出国留学中介机构客户调研，其中针对计划在大学阶段出国留学的客户，共采集1 352份样本。

大学阶段留学学校的申请多以就业率为导向，学生同时也希望在专业领域进行深造，因此大部分学生倾向于师资力量雄厚、硬件条件设施较好的学校，如图2–20所示。与此同时，该学校在其国内的认可度和知名度、全球综合排名以及就业率也是学生考虑的重要因素。

申请国外大学的材料主要分为成绩单类和申请文书类。成绩单类材料包括语言考试成绩、升学考试成绩和现阶段成绩。申请文书类材料包括个人陈述、简历、推荐信和短文写作等。

语言考试主要以雅思和托福为主。作为语言水平测试考试，雅思成绩主要得到英联邦国家（英国、加拿大、澳大利亚、新西兰等）的认

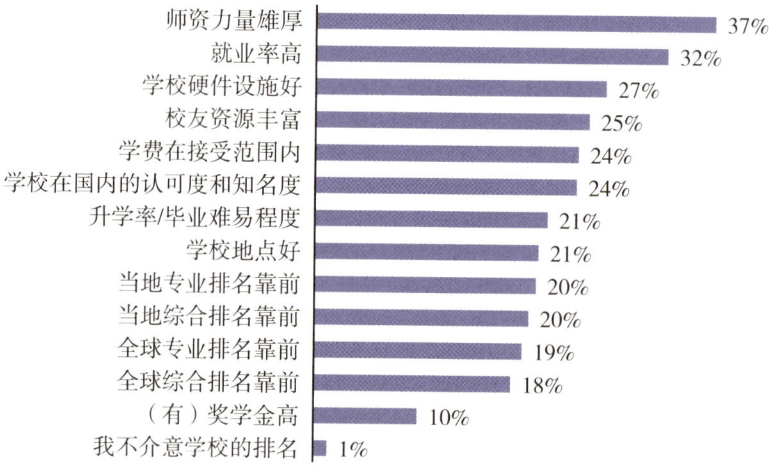

图2-20　大学本科阶段选择留学学校考虑的因素

资料来源：2017年出国留学中介机构客户调研，其中针对计划在大学阶段出国留学的客户，共采集1 352份样本。

可，目前，75%的美国大学也认可雅思成绩。而托福成绩主要得到北美国家的认可，如美国、加拿大等。语言作为文化的具体体现方式之一，是表达和交流文化知识的基本工具。对在中国教育模式下成长起来的学生来说，想要迅速融入国外的教学和生活环境，语言水平达标是必不可少的条件。

个人陈述和简历作为极具个性化的申请材料，也是学生非常重视的部分。个人陈述的目的是为了让招生委员会全面了解学生，明确学生选择该学校、该专业的动机，同时判断学生是否具备充分的能力来完成该专业的学习。个人陈述的书写不仅要主题明确，而且也要和简历、推荐信等申请材料相互佐证，各自有所侧重，形成一套完整的申请文书。

升学类的考试SAT或ACT成绩对想就读美国大学的申请者来说至关重要。SAT和ACT作为高中生申请美国大学入学资格及奖学金的重要参考，俗称为“美国高考”，是计划申请美国大学的各国高中生必须参加的考试。与国内高考不同的是，SAT和ACT成绩仅作为录取学生时的参考材料之一，可以多次参加考试。

国外大学不仅注重提升学生的科研水平，同时也重视培养学生的综合能力。因此，兴趣特长以及课外活动经历也是国外大学申请材料中的重要内容。值得注意的是，国内部分高中的国际课程已经增加了对课外活动经历的要求，以IB课程（国际预科证书课程）为例，它要求毕业生完成150小时的社会实践活动。选择此类国际课程的学生在未来申请国外大学时会有一定的优势。

如图2–21所示，在大学阶段申请留学的学生对自身硬件条件满意度较高。学生最为满意的部分是推荐信、平时的学习成绩排名、个人陈述。较之留学的其他阶段，计划在大学阶段留学的学生对于较为个性化的申请材料短文（essay）不太自信。与此同时，课外活动经历、兴趣特长也是我国学生普遍欠缺的。本科申请者并不像研究生申请者一样具备很强的学术背景和专业能力，因此学校在评定申请者的能力时不会着重考查学术能力，而是侧重于关注学生的综合实力。而招生官则通过短文等形式了解学生的兴趣爱好、思想境界以及生活经历。

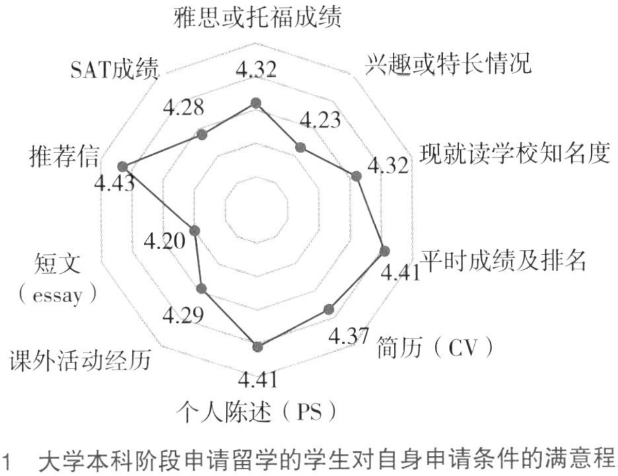

图2–21　大学本科阶段申请留学的学生对自身申请条件的满意程度打分

资料来源：2017年出国留学中介机构客户调研，其中针对计划在大学阶段出国留学的客户，共采集1 352份样本。

总体来说，大部分学生认为自己在SAT考试中的表现并不是很“抢眼”。美国大学招生时虽不完全依赖于SAT成绩，但也将其作为重要参考。2016年SAT考试改革后，总分为1 600分，包括阅读、文法和数学三个部分，而将写作改为选考。从能力测试的角度上来看，SAT侧重于考查大学阶段所需的核心要素，即将所学知识付诸实践的能力以及解决问题的能力，对不少中国学生来说具有一定的挑战性。

聆听留学心声

在德国留学的Jason同学的一点分享

扫二维码获取音频资料 ▶

第三节 研究生及以上阶段：出国主力军一往无前

一、本科直接申请与工作后申请殊途同归

对于申请国外研究生及以上阶段的留学人群，其性别比例与大学阶段并无较大差异，男女比例为1:1，如图2-22所示。

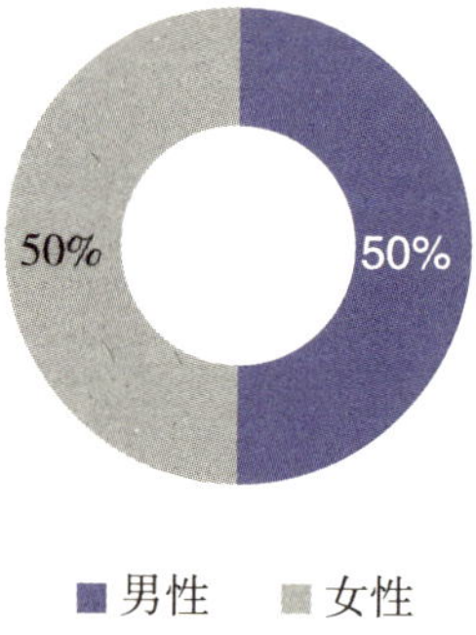

图2-22 研究生及以上阶段留学生性别分布比例

资料来源：2017年出国留学中介机构客户调研，其中针对计划在研究生阶段出国留学的客户，共采集1 612份样本。

攻读研究生及以上学历的想法萌生期比较多样，有些人在高中及以下阶段就已经有此想法，而另一些人则是工作之后才想要自我充电。从留学生的结构上看，如图2-23所示，申请硕士研究生阶段的占多数，占比86%；申请博士及以上阶段的占比为14%。

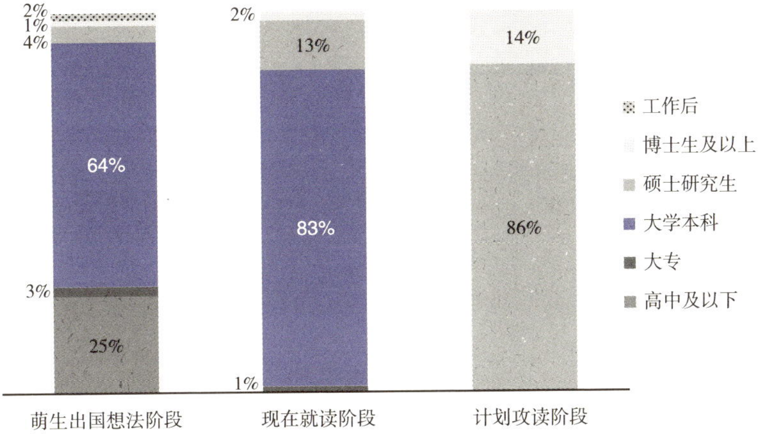

图2-23　研究生及以上阶段出国阶段路径

资料来源：2017年出国留学中介机构客户调研，其中针对计划在研究生阶段出国留学的客户，共采集1 612份样本。

在计划攻读研究生及以上阶段的家庭中，有29%的家庭年收入在50万~100万元，其年平均收入为81.17万元。研究生及以上阶段学制普遍较短，大部分研究生学制为1~2年。

与此同时，研究生及以上阶段可申请的奖学金和其他阶段相比也更多，个别学生甚至可以申请到全额奖学金。因此，学生和家长对研究生及以上阶段的留学花费预期较低，在研究生及以上阶段出国留学对学生来说是更为经济的选择。也有一些学生选择在工作几年后，自己有了一定经济实力再申请出国，通过工作经验和申请专业的结合，进一步提升自己的综合实力。

研究生及以上阶段留学家庭收入如图2-24所示。

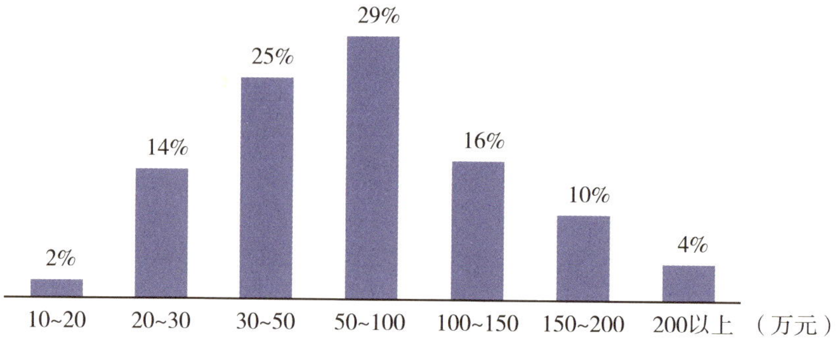

图2-24　研究生及以上阶段留学家庭收入

资料来源：2017年出国留学中介机构客户调研，其中针对计划在研究生及以上阶段出国留学的客户，共采集1 612份样本。

二、专业领域教育环境优、师资力量强是选择留学的主因

申请研究生及以上阶段出国留学的动机如图2-25所示。同申请大学阶段留学的学生一样，体验国外教育生活环境、增加阅历以及想在自己喜欢的专业领域得到深造是申请研究生及以上阶段出国留学的主要原因。而从长远发展来看，出国留学不仅能得到学历上的收获，更能接触到尖端科研、转换思维模式、提高语言和跨文化沟通能力，可以说是一笔回报空间较大的教育投资。此外，在研究生阶段留学还能增加在国外的工作机会。以美国为例，学生可在毕业前90天申请有效期为12个月的专业实习（OPT）签证。对于STEM专业（科学、技术、工程、数学）的学生来说，从2016年开始，如果顺利得到OPT工作，可将签证延期24个月，即OPT签证的有效期为36个月。而有国外实习经验或工作经验，无疑会提升其归国就业的机会。

1999年高校扩招以来，我国的高等教育已然从精英化走向大众化阶段，大学毕业生数量逐年增加。据教育部数据显示，2017年我国应届大学毕业生达到795万人。大学毕业生的迅猛增长也导致了劳动力市场的供过于求，就业难已经成为大学毕业生面临的常态。事实上，在全球经

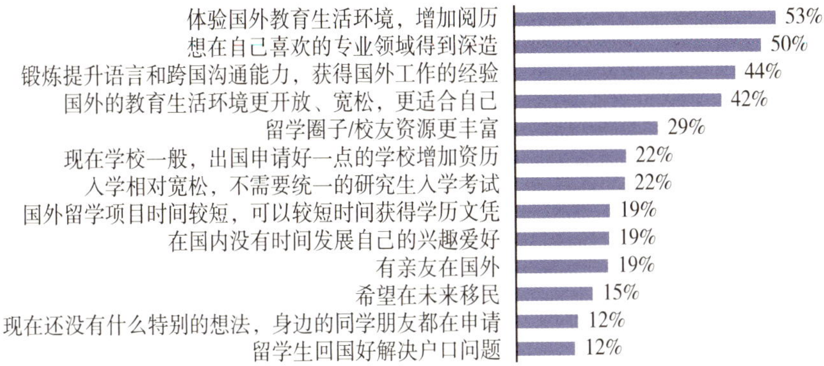

图2-25　研究生及以上阶段出国留学动机

资料来源：2017年出国留学中介机构客户调研，其中针对计划在研究生及以上阶段出国留学的客户，共采集1 612份样本。

济一体化加剧的今天，日渐增加的跨国企业仍然对具有国际化视野和专业素养的人才有着旺盛的需求。因此，越来越多的大学毕业生选择出国攻读研究生，以增加就业时的竞争力。22%的学生认为自己本科学校一般，在就业竞争日益激烈的今天并不具有优势，出国申请好一点的学校读研可以增加竞争力。

入学相对宽松也是出国读研的一大优势。攻读国内研究生则需要通过统一的入学考试，教育部数据显示，2017年我国研究生报考人数达到201万，较2016年增长13.6%，而录取率仅为2.9：1。尤其是国内顶尖大学的录取率更低。以北大光华管理学院金融硕士学术型研究生为例，2017年报考人数超过550人，录取11人，录取率仅为2%。而国外研究生采取申请制，提交的成绩单类材料仅包括语言考试成绩单和大学期间的学习成绩单，以及不同目标国家所需的标准化考试（如GRE美国研究生入学考试和GMAT研究生管理专业入学考试等）成绩。

国外留学项目时间短，学生可以在较短时间内获得学历文凭，这也是19%的学生选择出国留学的主要原因。目前，国内学术型研究生的学制普遍为3年，专业型硕士多为2年，而国外的研究生学制为1~2年。以英国为例，授课型研究生学制为1年，不仅节省了时间也提高了学习效率，这意味着学生可以比国内的同龄人早2年毕业并开始职业生涯。而缩短的求学时间也为学生们节省了大量的留学费用，对于普通家庭来说，经济压力也不会那么大。

研究生及以上阶段申请出国留学的考虑因素如图2–26所示。申请国外研究生及以上阶段的学生对于留学国家和留学专业的重视程度相当。对于大多数学生而言，研究生专业的选择是其人生中最后一次选择学习方向的机会，对其今后的职业选择和人生规划至关重要。经过了本科阶段的学习，他们对现有专业和相关领域的体会更加深刻，对自我兴趣的认识也更加明确。他们会慎重地考虑他们的志向、本科专业背景、个人兴趣、未来就业、录取难易程度等诸多因素，做出理性、谨慎的选择。此外，学校或专业的师资力量整体提及度也很高，达到了41%。学费也是学生留学时较为关注的方面。

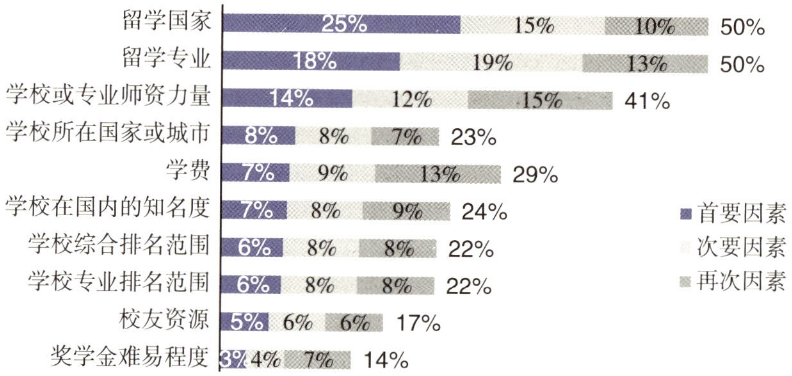

图2–26　研究生及以上阶段出国留学考虑因素

资料来源：2017年出国留学中介机构客户调研，其中针对计划在研究生及以上阶段出国留学的客户，共采集1 612份样本。

从留学地区上看，不同于本科阶段留学生相对分散的选择，申请国外研究生及以上阶段的学生更热衷于北美地区。2017年出国留学中介机构客户调研数据显示，如图2–27，以美国和加拿大为代表的北美地区以51%的申请率稳居首位，且43%的学生将其作为首选的留学地区。北美地区作为世界上经济最发达的区域之一，其教育资源丰富，地位举足轻重。其次是欧洲，有26%的学生将其作为留学的首选地。而对于澳洲和亚洲，分别有17%和14%的学生将它们作为留学的首选地。

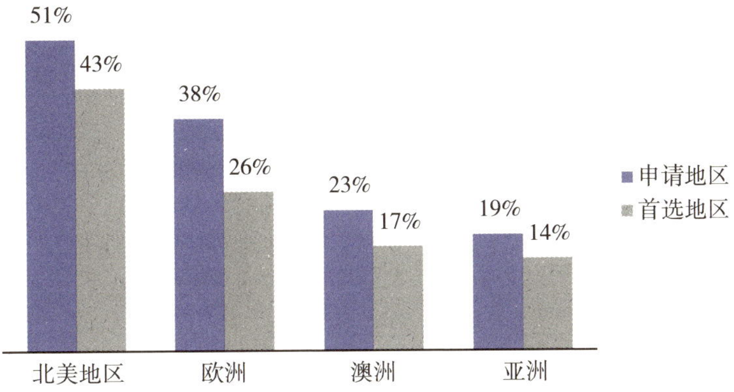

图2–27　研究生及以上阶段的申请地区和首选地区

资料来源：2017年出国留学中介机构客户调研，其中针对计划在研究生及以上阶段出国留学的客户，共采集1 612份样本。

相对于其他国家，美国在申请率上占据绝对优势，有37%的学生选择申请美国的研究生，其中有31%的学生将其作为留学的首选国家，如图2–28所示。作为高校教育资源最为集中的国家，美国不仅有诸如麻省理工学院、哈佛大学、斯坦福大学等众多一流高校，其他高校的教学质量也受到广泛好评。美国大学占据了世界大学排名前100位中的半壁江山。在教学模式上，美国大学有期中和期末考试，平时的测验成绩在总评定中也占有一席之地。与此同时，美国的研究生阶段更加注重培养学生的科研能力，课堂形式也更加灵活多变，多采用案例式和小组教学等方式来激发学生的独立思考能力，这对学生的学习能力也是一个极大的挑战和考验。此外，部分美国大学每年大约招收三分之一的国际学生，其文化的多样性和包容性也比其他国家具有更大的优势。

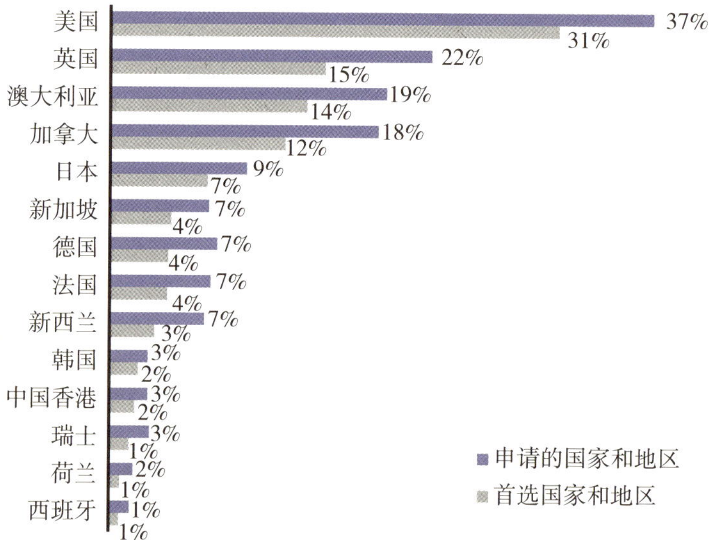

图2-28　研究生及以上阶段留学国家和地区

资料来源：2017年出国留学中介机构客户调研，其中针对计划在研究生及以上阶段出国留学的客户，共采集1 612份样本。

研究生学制短是近年来英国研究生热度居高不下的重要原因。英国的研究生主要分为两种：一年制授课型和两年制研究型。授课型研究生以授课为主，开设的多为实用性专业。而研究型研究生以做研究为主，导师仅为学生提供指导和建议，学生需要花大量的时间进行创新性研究。目前，以国外“镀金”和就业为导向的中国学生更热衷于申请实用性和性价比更高的授课型研究生。一年制授课型研究生的课程设置分为三个学期，前两个学期有10~12周，以授课为主；第三个学期有8周，用来撰写论文。授课方式大多为大课、专题报告和辅导课等。从学习时间上看，虽然英国研究生的学习时间较短，但其课程含金量却不低。授课型研究生的课程设计实用，包括选修课在内，全部是专业课，每学期少则3门课，多则5~6门课，每门课都要阅读若干指定参考书、写小论文以及完成小组合作的课题，学期结束时有期末考试；最后根据日常完成的课题和期末考试成绩加权计算得出综合成绩。英国大学的要求很严格，课程及格率在70%左右。值得注意的是，英国的研究生录取采用滚动录取制，先到先得，越早申请，被录取的概率越大，申请名校更是如此，因此，立志申请英国研究生的学生应早做准备。

留学费用相对较低和签证政策宽松是加拿大留学的主要优势。加拿大处于高教育质量的北美教育体系内，其文凭在世界范围内得到认可。加拿大是工业国中通货膨胀率最低的国家之一，且近年来其汇率持续走低。因此，较之于其他留学国家，加拿大的留学费用较低。当然，留学费用取决于申请学校所在的省份。一般来说，去加拿大中型城市留学，每年的学费加生活费约为15万元人民币，部分中心城市的学费和生活费可能较高。加拿大的大学开设会计类、计算机类及工程类等众多的带薪实习专业，参加带薪实习课程的学生每月可获1 000~3 000加元的薪水，可在一定程度上减轻生活负担。值得注意的是，加拿大移民部在网上公布了中国公民赴加拿大签证申请材料单，其中一个重要的变化是：申请人财力证明、资金证明和担保人收入证明不再是必须提供的材料，这大大简化了申请流程。同时，学生完成两年研究生课程后可申请有效期为3年的工作签证。

入学门槛相对较低、申请机制灵活及签证政策宽松是大部分学生选择去澳大利亚留学的主要原因。澳大利亚拥有优质的教学资源，不仅有8所大学进入世界大学排名前100位，包括墨尔本大学、悉尼大学等国际知名高校。从录取角度来说，对于国内非211大学的学生，大学阶段的平均成绩达到80分或85分以上即可申请澳大利亚知名大学的研究生；而对于国内985或211高校的学生，澳大利亚大学对大学阶段成绩的要求则更为宽松。澳大利亚高校对于学生大学阶段的学术背景具有很强的包容性，部分专业不要求具有相关的学术背景。澳大利亚高校的研究生申请审理期较短，通常为4~8周。申请时，学生只需提供大学阶段5个学期的成绩即可，同时澳大利亚研究生接受零语言成绩申请（申请时不需要提供雅思或托福成绩），为学生降低了申请难度。澳大利亚对海外学生没有比例和名额限制，签证政策相对宽松。一般来说，只要学生的申请材料齐全，申请成功率较高。此外，完成两年研究生课程的学生可以申请得到有效期为2年的工作签证。

研究生及以上阶段主要留学国家的具体考虑因素如表2-4所示。

表2-4 研究生及以上阶段主要留学国家的具体考虑因素

考虑因素	美国	加拿大	英国	澳大利亚
样本基数	495	194	238	218
学校实力	37%	24%	33%	29%
综合教育环境	33%	25%	30%	28%
留学整体花费	24%	34%	27%	29%
专业排名	34%	25%	24%	22%
申请难易程度	23%	27%	21%	29%
国内认可度	25%	17%	26%	22%
文化吸引力	19%	23%	24%	17%
语言难易程度	18%	12%	23%	17%
自然吸引力	16%	22%	18%	13%
治安及政治环境	13%	21%	16%	21%
当地中国留学生数量	12%	9%	12%	20%
工作签证政策	10%	12%	12%	10%
项目时间长度	11%	11%	11%	12%
移民政策	11%	17%	7%	12%
亲友在当地，可以相互照应	11%	12%	9%	14%
所在城市实习就业难度	2%	5%	5%	4%
学校附近的生活便利程度	1%	3%	2%	1%

不同于大学阶段申请专业选择较为分散的情况，研究生及以上阶段

的专业选择集中在商科和理科，占比分别为33%和27%，这与研究生及以上阶段的学生以就业为导向的学习目的相符。工科和文科的热度有所下降，占比分别为15%和13%。而社会学科和艺术类专业的选择情况则与本科阶段没有较大差异，占比分别为7%和4%，如图2–29所示。

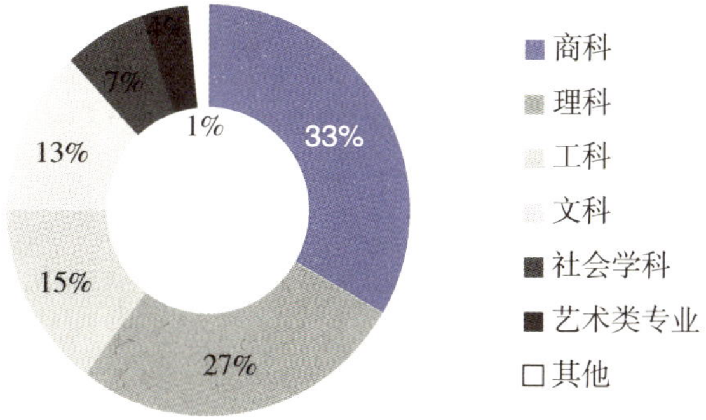

图2–29　研究生及以上阶段申请专业

资料来源：2017年出国留学中介机构客户调研，其中针对计划在研究生及以上阶段出国留学的客户，共采集1 612份样本

商科是研究生及以上阶段申请留学时的最热门的专业，就业率高和教育回报率高都是商科最典型的标签。商科专业培养的是目前全球经济一体化趋势下所缺的复合型人才，具有国际化视角和综合能力强的商科人才正是越来越多的企业所需要的。相对于受专业限制的理工科学生，商科学生有着更为广泛的就业面，因此，商科毕业生的就业前景也更乐观。此外，商科的申请对于本科生的专业学术背景极具包容性，单纯学习商科的学生有时不能满足当前社会对于综合型人才的需求，所以大部分学校的商学院都鼓励学生跨专业申请。学习时间短和教育回报率高也是商科的一大优势。目前，商科的学制普遍为一年到一年半，相比其他专业可以节省半年甚至一年的时间，这也为留学家庭节约了留学费用。因为学习时间缩短，所以商科的课程设置紧凑，对学生的学习能力提出了更高的要求。学生不仅能在学习商科专业的过程中提高学习效率，也

能在进入社会工作时拥有更强的适应能力。

研究生及以上阶段申请不同专业的考虑因素如表2–5所示。

表2–5 研究生及以上阶段申请不同专业的考虑因素

考虑因素	商科	理科	工科	文科	社会学科	艺术类
样本基数	536	436	236	210	108	60
专业实用性	43%	39%	41%	38%	36%	42%
专业实力	40%	38%	36%	33%	33%	32%
自己的兴趣方向	32%	38%	37%	43%	37%	43%
就业前景	40%	31%	34%	25%	34%	33%
申请的可行性	26%	33%	26%	29%	28%	27%
目前专业继续深造	23%	27%	30%	25%	31%	35%
跨专业成为复合型人才	31%	19%	25%	20%	21%	17%
申请的难易程度	19%	26%	24%	22%	31%	27%
转专业到自己喜欢的方向	19%	18%	22%	25%	24%	28%
师资力量	12%	12%	10%	11%	8%	5%
奖学金情况	9%	12%	12%	14%	10%	7%
项目时间长度	6%	8%	4%	13%	6%	5%

资料来源：2017年出国留学中介机构客户调研，其中针对计划在研究生及以上阶段出国留学的客户，共采集1 612份样本。

在研究生及以上阶段申请留学的学生希望在自己的专业领域进行深造，增加就业时的竞争力。因此，学生更加青睐师资力量雄厚及硬件设施好的学校。高水平的师资力量可以让学生进一步接触到核心学术成果和前沿科研技术，从而提高学生的专业素养。

校友资源的丰富程度也是研究生及以上阶段学生选择学校的主要考虑因素。通过留学，学生可以有更多的机会接触到不同国家、不同行业的商业精英，不少国外高校通过校友会等形式都为学生创造了专门的精英人脉网络。

学校在国内的认可度、知名度以及排名都对学生以后的就业有比较大的影响。在选择学校的时候，学生倾向于选择排名高的院校进行深造，这样的学校可以帮助其在未来的就业上获得更大的优势。

毕业难度也是这一阶段的学生在申请学校时考虑的重要因素。部分国外高校采用宽进严出的招生机制，增加了学生入读世界排名靠前大学的概率。然而，国外高校为保证教学质量，自然也会对学生有更加严格的要求。以英国为例，部分课程的通过率为70%，每年有20%~30%的学生被淘汰。

研究生及以上阶段选择留学学校考虑的因素如图2-30所示。

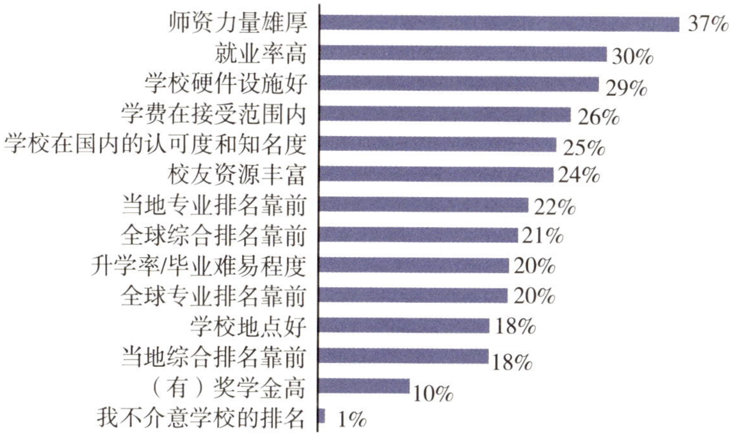

图2-30　研究生及以上阶段选择留学学校考虑的因素

资料来源：2017年出国留学中介机构客户调研，其中针对计划在研究生及以上阶段出国留学的客户，共采集1 612份样本。

与在大学阶段申请留学的情况相类似，研究生及以上阶段的留学申请也要求学生提供语言类考试成绩、大学阶段学习成绩、申请文书等，部分学校/专业会要求GRE/GMAT成绩。作为留学的第一关，语言成绩的重要性不言而喻。其次则是专业成绩及目前就读学校的知名度，部分国外高校在录取中国学生时，会按照其本科就读院校是否为985、211类院校来做区分，对其大学阶段的学习成绩要求有所不同。研究生阶段的入学考试成绩主要包括研究生入学考试（GRE）和研究生管理专业入学考试（GMAT）。GRE适用于申请除法律和部分商科专业之外的各种专业，目前已得到世界范围内的认可；GMAT则由分析性写作、综合推理、定量推理和文本逻辑推理四部分构成，适用于商科中的经济类和管理类等专业的申请。目前，美国、加拿大等国的大部分高等院校已把GMAT成绩列为录取学生时的主要参考依据。而随着留学申请竞争日益激烈，英国和澳大利亚的部分院校也开始要求GRE或GMAT成绩，或者将其视为加分项。尤其是对于处于申请劣势的学生（如本科院校一般等），出众的GRE/GMAT成绩将有助于增加其入读世界一流名校的机会。

如图2-31所示，从整体上看，申请研究生及以上阶段的学生对于自身硬件条件（成绩类和就读院校知名度）的满意度是最高的，尤其是对于中国学生普遍最为自信的平时成绩及排名。然而，中国学生课外活动经历匮乏的短板在研究生及以上阶段的申请者中依然存在。因此，立志申请国外高校的学生应合理利用课外时间，有选择地丰富自己的课外活动经历。

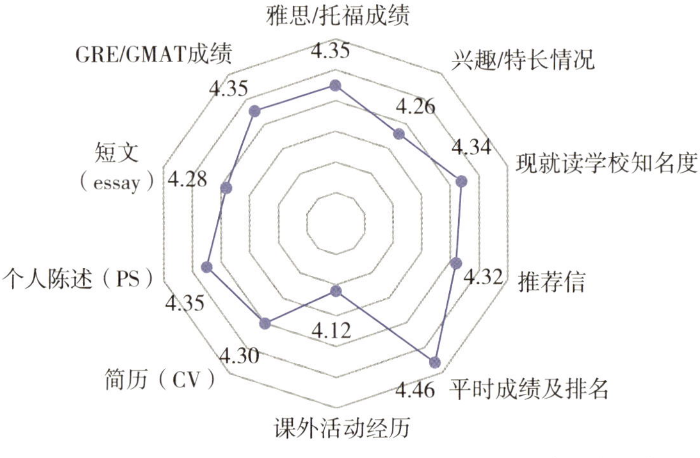

图2-31　研究生及以上阶段对自身申请条件的满意程度打分

资料来源：2017年出国留学中介机构客户调研，其中针对计划在研究生及以上阶段出国留学的客户，共采集1 612份样本。

第四节　家长如何引导孩子做出正确的选择

一、问题一：留学之路始于主观喜爱

出国留学，尤其是低龄群体出国留学，家长的本意是为了孩子的前途考虑，最后却经常演变成家长的一厢情愿。家长如何正确引导孩子，激发他们的留学动力是一个困扰家长的大问题。其实在孩子出国留学的过程中，如何找到留学的动力也是他们留学成功与否的关键所在。当孩子没有完全做好出国留学准备的时候，引导比逼迫更为重要。

为了让孩子想去留学、有留学的热情，家长可以从以下几个方面尝试对孩子进行引导：

- 让孩子多接触国外文化，可以从美景、美食、历史入手，减少孩子同国外的距离感；
- 让孩子多接触留学生，使孩子认同留学生在国外留学的收获以及成长，让孩子知道这些留学生是如何克服留学路上的困难的；
- 让孩子体验国外教育的理念和环境——很多孩子产生留学的想法是从参观国外大学或者参加国外的夏令营开始的。

家长应当尽可能多地为孩子创造接触多元文化的机会，让他们充分了解和认识国外的环境，由孩子主动选择留学比被动强迫式留学更能带动孩子的学习和成长。家长应从孩子自身的意愿和实际情况出发，规划适合孩子的人生道路。

二、问题二：国际化视野从当前抓起

尽管当前孩子还在国内读书，但是培养其国际化视野也是不可或缺的一环，对于选择让孩子出国留学的家庭来说，家长更应该重视对孩子进行这方面的培养。首先，孩子需要在语言学习上下功夫，为国际化交

流奠定基础。其次，家长应当引导孩子重视合作和平等，这一点不仅表现在用尊重和包容的心态对待他人上，更体现在保持自信、不卑不亢地主动表述自己的观点上。另外，培养成熟的心态也很重要，这样可以让孩子更好地认识自己的优缺点，而不是盲目地自信或自卑。家长在培养孩子国际化视野的过程中要注意与孩子共同进步，并且认可他们的付出以及收获。

三、问题三：前瞻性的远景规划不可少

孩子们的学习情况、自理能力存在一定的个体差异，孩子们的最佳出国时间也没有统一标准。家长可以通过总体观察孩子的成熟度、自理能力、沟通能力、学习能力等，判断出合适自己孩子的出国时间。家长可以结合自己及身边人的阅历，为孩子的留学提供规划指导——例如，考虑孩子将来的发展路线，是选择留在国内还是去国外发展，是选择学术道路还是商业生涯等。但同时家长也应该意识到，孩子才是整体发展规划的主导方，家长应该以积极的方式与孩子进行沟通，听取孩子的意见和想法。如果孩子想长期在国内发展，过早出国可能并不是一个好的做法。反过来，如果孩子希望以后在国外有一些发展和成就，早出国无疑是对孩子有帮助的。

四、问题四：基于孩子喜好和家长理性评估下的综合择校决定

家长在与孩子一起选择留学学校的时候，应该兼顾孩子的意愿进行理性考量。首先，家长应当考虑孩子喜欢的学校是否在其能力范围以内。其次，家长应当将孩子的喜好与专业选择相结合，并且在关注学校排名的同时，家长也要关注相关的专业排名。最后，家长一定要关注孩子的特殊喜好，比如气候、自然景观、人文环境以及社会环

境等。值得一提的是，择校的最终决策者应为孩子自己，家长应以引导或建议的方式为孩子提供参考意见。

五、问题五：正视失败，以良好的心态完成申请

在当前竞争激烈的大环境下，成绩优异、背景突出却申请被拒的情况也屡见不鲜。若不能摆正心态正视失利，孩子的自信心可能会受到打击。此时，家长如果只是一味责怪孩子、中介机构或学校，都于事无补，也不利于孩子之后的申请之路。家长自己首先要摆正心态，帮助孩子渡过难关。

国外学校在录取学生时，成绩并不是唯一关键或决定性因素，它们更看重的是学生德智体美劳的全面发展，看重学生的立体性和成长的丰富性。在此基础上，不同的学校各有侧重，有的学校更看重责任心，有的学校强调批判性思维，有的学校更青睐有某项特长的学生。在数以万计的申请大军中，学生的成绩普遍都不错，文书也都特点鲜明，申请成功或者失败都很正常。家长和孩子需要做的是尽最大的努力，早准备，早行动。即使没有等来offer，也不要气馁，而是应当及时调整心态，转换目标，重新出发。

六、问题六：从国内开始培养孩子的独立自主性

孩子选择出国留学，也就离开了关爱他们的父母和亲人，以及熟识的老师和同学。对他们来说，国外的学习和生活无疑是具有挑战性的。所以，一旦明确了出国留学的目标，家长就要有意识地在国内帮助他们打好基础。出国前的准备是多方面的，包括学习动力、思维方式、自理能力、沟通能力、心理建设等。孩子在父母身边的时候越独立，将来在国外独自生活的时候感受到的不适感也就越小。家长可以鼓励孩子在国内的时候多做一些力所能及的事情，比如自己安排寒暑假，尝试规划行

程，参加实习及公益活动等；也可以鼓励孩子参加夏令营等群体活动，鼓励他们与其他孩子一起过集体生活等。

聆听留学心声

心理咨询师赵悦辰关于留学准备及留学中家长与学生沟通的一些建议

扫二维码获取音频资料 ▶

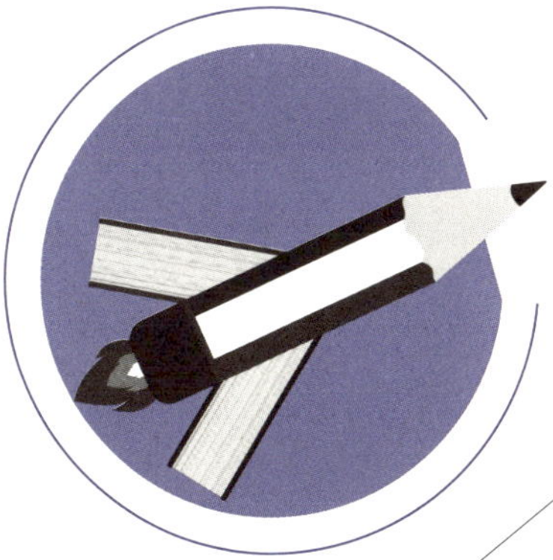

第三章

如何甄选留学中介机构

第一节　考察和定位留学中介机构

如何挑选合适的留学中介机构，一直是留学家庭较为纠结的问题。留学中介机构提供的择校定位、文书、背景提升、留学规划等服务会直接影响到申请结果。对于留学家庭而言，在挑选留学中介机构时，首先需要了解自身对留学申请有怎样具体的要求和想法，再根据自身的定位和目标，考虑中介机构可以提供哪些方面的服务。对留学中介机构进行考察的过程，就是要了解中介机构靠什么来达成你的预期目标。

一、明确申请目标及自我需求

随着互联网信息的透明化，留学家庭在申请过程中逐渐获得了更大的主动权。在初步确定了留学阶段、留学目标国家以及相关专业后，学生可以通过搜索和浏览学校官网、留学论坛等初步了解与留学申请相关的材料要求。例如，学生如果想申请北美排名前30位的本科院校，他可以分别选取排名1~10，11~20，21~30的院校官网查询各学校对成绩的基本要求，如查询普林斯顿大学（Princeton University）、杜克大学（Duke University）、弗吉尼亚大学（University of Virginia）等。一般学校在导航栏的录取（admission）或申请（apply）按钮下都会显示不同学院或专业的录取要求、录取时间表等内容。另外，一般学校的网站上也会有上一年录取学生的基本情况汇总（profile summary），里面会列出录取比例、国际学生比例、考试成绩要求等，以便帮助学生了解申请的难易程度，使其能够更好地进行自我定位。而在有了初步想法后，学生和留学家庭可以与不同的留学中介机构进行接触，这一阶段也是信息不断完善的过程。正所谓兼听则明，学生可以根据留学中介机构的申请经验适当调整自己当前的申请预期，系统化地了解整个申请流程。

二、清晰定位中介机构在留学申请中扮演的角色

在梳理完申请目标以及申请所需条件和要求以后，学生及留学家庭对留学中介机构在申请过程中的作用也会有一个更为清晰的认识。例如，一般在申请国外本科时，需要在申请院校的官网上注册账号，然后按要求完成整个申请流程——上传或邮寄在校成绩记录（GPA）、SAT 考试成绩、文书类申请材料等。在这一系列的申请过程中，留学中介机构提供的最核心的服务是择校定位和文书服务。其他细项辅助性服务（比如在线申请、成绩单寄送等）难度较小，学生可以根据自己的能力来决定是否要交由留学中介机构代办。即使这些内容都交由留学中介机构处理，学生作为整个留学过程的主导者，也应及时登录账号进行查看和复查，以保证整个申请流程的顺畅和准确。

（1）择校定位

留学中介机构一般会根据学校排名和学生自身情况给出冲刺院校、稳妥院校和保底院校等几种选择方案，收费也会根据所申请院校的排名情况而有所差异。对于同样的院校，不同留学中介机构给出的可行性方案和收费标准可能也会有所不同。一些传统留学中介机构有一定的院校合作资源，尤其是代理模式的中介机构，它们在合作院校的申请成功率上有较大保障。然而，留学咨询类中介机构在服务的个性化

程度上则更高。

（2）文书服务

除去固定的考试类成绩要求，文书可以说是所有申请环节中最能体现学生个人特点的部分。文书撰写过程中涉及的问题包括：如何与文书老师进行沟通，是否可以及时反馈，修改次数，以及哪些内容是自己一定要主导和表达的，等等。对于这些问题，在选择留学中介机构前都应进行充分的考虑和考察。

三、全面考察评估中介机构的核心服务模式

作为服务产业，留学中介机构的核心资产是留学顾问。大型留学中介机构依托其工作平台和环境等优势吸引了不少优秀的专业顾问。但近年来，也有不少优秀的留学顾问自立门户成立了留学工作室，或转到成长空间更大的中小型留学中介机构工作。因而，在对留学中介机构进行考察的过程中，留学顾问（包括售前顾问和文书顾问）是极为重要的沟通对象，需与其多次接触。对于留学顾问自身的留学经验、从业背景、责任心，是否存在申请过程中更换对接人的风险等问题，都需要进行相应的考察。即使在选定了留学中介机构后，对留学顾问服务的考察和跟进仍需继续。一个留学顾问大多同时会负责多个学生的申请工作，难免会出现一些疏漏，学生应与其主动沟通并表达自己的想法，这样可以有效地推进申请工作。值得注意的是，不少留学中介机构推出了高端留学文书服务，由专门的外籍文书老师对文书环节进行指导和优化。这种服务的好处是，外籍团队会带来全新的写作思路，行文也更为流畅和地道。

关于申请过程的法律保障，服务合同及服务条款也是重要的考察方面。2017年教育部取消了留学中介机构资质认定，但取消留学中介机构资质审批门槛并不等于取消对留学中介机构服务的监管。2017年

1月，教育部、国家工商行政管理总局联合印发了《自费出国留学中介机构服务合同示范文本》，细化了服务范围、付费方式、违约条款、争议解决办法等内容，并新增了退费约定等条目，留学生及留学家庭在对留学中介机构进行服务条款框架性考察时，可以以此为指导。另外，签约多久后能拿到文书、反馈时间及沟通机制等约定也都是考察的重要方向。

另外，服务的公开透明化也是选择和衡量留学中介机构的重点。服务的公开透明是指留学申请过程及申请账户的公开。申请时间拖延及材料填写错误等会给留学申请带来极大的困扰。申请过程及账户公开后，学生在整个申请过程中，可以自己随时跟进申请进度，检查申请信息，发挥良好的监督及补充作用。

第二节　留学中介机构综合评价榜单

一、综合榜单体系概览

“2017年留学中介机构综合评价榜单”沿用2016年的研究方法，综合了“留学中介机构客户评价指数”“留学中介机构百度搜索指数”“留学中介机构资质评价指数”三个部分的评估指标，全面反映出留学中介机构的品牌力和服务质量，如图3-1所示。在计算过程中，“留学中介机构客户评价指数”由消费者调研数据得出，消费者对其考察过的中介机构在1~10分这个区间打分。而“留学中介机构百度搜索指数”和“留学中介机构客户评价指数”则是通过百度搜索数据库及留学中介机构的公开信息得到的，由于其计量单位不同于消费者调研得分，因此将其进一步标准化为1~10分，以保证三个部分的维度统一，评价数据具有可比较性、可运算性。

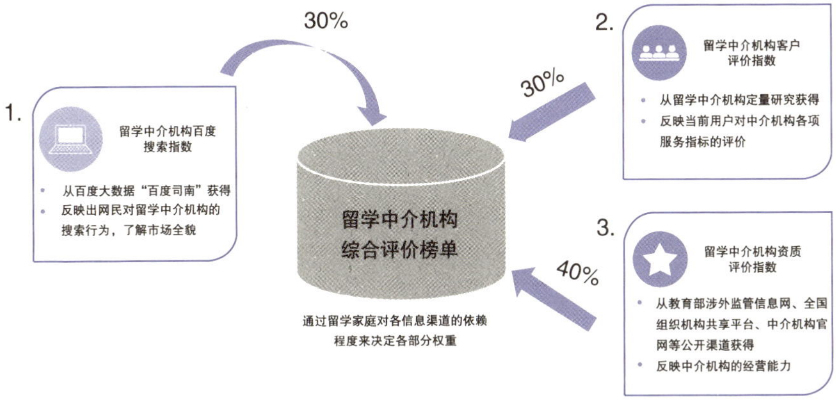

图3–1　留学中介机构综合评价榜单结构图

二、2017年出国留学中介机构综合榜单前30名

2017年出国留学中介机构综合榜单排名和得分结果如表3–1所示。

表3–1　2017年中介机构综合评价榜单前30名

排名	中介机构名称	得分
1	新东方前途	9.24
2	金吉列	9.20
3	启德留学	8.89
4	澳际教育	8.76
5	天道留学	8.45
5	新航道留学	8.45
7	新通国际	8.39
8	艾迪国际	8.29
9	嘉华世达	8.27
10	津桥留学	8.23
11	伯乐留学	8.21
12	啄木鸟留学	8.20
12	中教国际	8.20

（续表）

排名	中介机构名称	得分
12	中智留学	8.20
15	东方国际	8.14
16	金矢教育	8.13
17	威久留学	8.10
18	华恒留学	8.06
19	华通留学	8.01
20	优越教育	8.00
21	中锐留学	7.95
22	百利天下	7.94
23	同济留学	7.88
24	学美留学	7.83
25	金东方留学	7.80
26	顺顺留学	7.75
27	太傻留学	7.70
28	拓达留学	7.69
28	常春藤留学	7.69
30	环球行留学	7.60

综合榜单全面反映了留学中介机构在全国范围内的品牌影响力、客户满意程度以及经营水平，是对中介机构综合竞争力的直接衡量。新东方前途、金吉列、启德留学、澳际教育延续2016年的强势表现，继续占据榜单前4名。从整体上看，这四家中介机构在服务规模上处于行业领先地位，品牌影响力较高，有一定的服务标准和丰富的案例积累，综合服务能力强，整体得分也较2016年有所提升。天道留学和艾迪国际获得了较高的客户评价，综合榜单排名较2016年有所上升。新航道留学、新通国际、嘉华世达和伯乐留学的整体表现与2016年相当。

综合榜单的提出，旨在为留学家庭在选择留学中介机构时提供参考。

留学家庭在选择时，还需要考虑各留学中介机构在不同留学目的地、不同学科上的优劣势。另外，一些地方性或区域性留学中介机构由于样本量较少虽未在综合榜单中上榜，但它们在其所在区域内也积累了丰富的申请经验，对当地学生和学校更为熟悉，留学家庭在考察时也可将其纳入考察范围。此外，考虑到样本代表性及抽样误差等因素，我们对进入总榜单的留学中介机构的细项评价次数设置了最低要求（75人次）。因此，多数精品型留学中介机构受样本量限制未能上榜，学生及家长如需了解这类留学中介机构的特点和优势，可参考本章第四节。

第三节　留学中介机构细项评价榜单

一、细项榜单体系概览

留学中介机构细项评价榜单通过“留学中介机构客户评价指数”生成。本次中信银行和睿达思企业管理咨询公司合作的“2017出国留学中介机构评价指数消费者调研部分”秉持客观、中立、科学的立场，在样本选择、研究方法设计和数据解读上力争做到全面和创新。

1.代表性强的样本甄选

留学中介机构客户评价指数调研涵盖的10个城市，分布在中国的东、西、南、北、中五个方位，在每个区域选取两个代表性城市进行调研，保证每个区域的样本量在600个以上。在城市覆盖上兼顾城市代表性和区域代表性。在控制系统抽样误差上，实际产出4 059个样本用于数据分析，确保数据的系统误差可以被控制在±1.54%以内；而区域样本量保证在600个以上，系统抽样误差被控制在±4.08%以内。通过高精准度的研究，为留学家庭提供更为可靠的数据信息。样本量与抽样误差对应表如表3–2所示。

表3-2 样本量与抽样误差对应表

	样本量（n=）	抽样误差（±）		样本量（n=）	抽样误差（±）
	100	10.00%		800	3.54%
	200	7.10%		…	
二线城市最小样本量	300	5.77%		2 000	2.19%
	400	5.00%		3 000	1.79%
	500	4.47%		3 000	1.79%
一线城市最小样本量/区域最小样本量	600	4.08%	总体样本量	4 000	1.55%
	700	3.78%		5 000	1.41%

2. 客观的分析方法

在分析中介机构评价时，不预设一级、二级指标体系，而是通过受访者对留学中介机构整体和评价维度的打分来进行因子分析。把零散的评价指标进行归类，从评价指标变量内部相关的依赖关系层面出发，最终将这些具有复杂关系的评价指标归结为少数几个综合一级指标。这样得到的综合指标可读性较强，最大限度地克服了人为分类中错误或主观解释各个评价指标内部关系的弊端。

在将14个评价指标归为4大综合指标后，我们将4大指标与客户对留学中介机构的整体性评价得分做了驱动因素分析，采用回归分析法，得出4个综合指标对于留学中介机构整体评价的重要性。以此构建出留学中介机构评价的指标体系，挖掘留学中介机构服务的核心价值。

本书采用第二种方法，相对于第一种方法，此调研方法综合考虑了每个评价指标的重要性和得分，消除了受访者直接给出整体评价分值的误差，也避免了受访者可能直接给出一个并不理智的分数。

3. 全面系统的指标体系

2017年的指标体系在2016年度基础上做了相应的调整，充分考察了现有留学中介机构的服务内容，建立了包含14个指标的内容体系，涵盖了目前市场上主流留学中介机构能够给留学家庭提供的所有服务内容，以及留学家庭对留学中介机构进行考察的所有触点，同时也考虑到留学生对建立留学圈等延伸服务的需求，力图最为真实地覆盖和还原留学家庭评价留学中介机构服务过程中的每一个方面。

4.指标体系解读

中介机构客户评价指数主要反映留学家庭对于留学中介机构所提供的留学服务的整体满意度。该指数覆盖了评价留学中介机构服务的各个环节，全面地展示了留学家庭对于留学中介机构服务各环节的满意度，也是留学中介机构品牌力的重要衡量因素。

14个指标包括品牌规模、品牌口碑、顾问老师、申请流程、一站式服务等，基本涵盖了留学家庭考察和评价留学中介机构的所有内容。通过因子分析，将其归总成4大综合指标，分别是专业性、服务性、影响力以及增值服务，如图3–2所示。

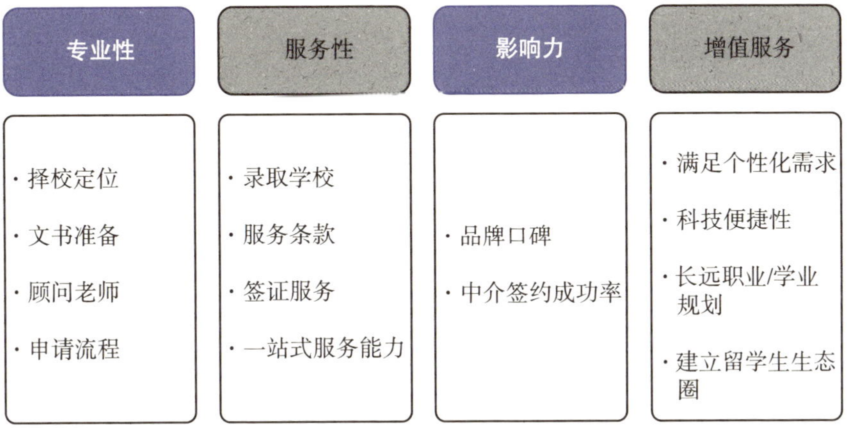

图3–2　评价指标体系

- 专业性：留学中介机构的核心服务，包括择校定位、文书准备、顾问老师部分的专业度，以及申请流程上的及时和透明性。

- 服务性：留学中介机构申请服务和申请结果满意度，以及服务条款、签证服务和一站式服务能力。
- 影响力：留学中介机构的品牌影响力，即中介机构的口碑和签约成功率。
- 增值服务：在留学中介机构传统的申请服务之上，通过科技互动方便学生的申请过程，以及为学生建立留学规划和相关生态圈。

4大指标对于中介机构评价的重要性并不相同——专业性和服务性是影响中介机构评价指数的最重要的方面，而影响力和增值服务对于中介机构评价指数的影响力并不是很大，如图3–3所示。

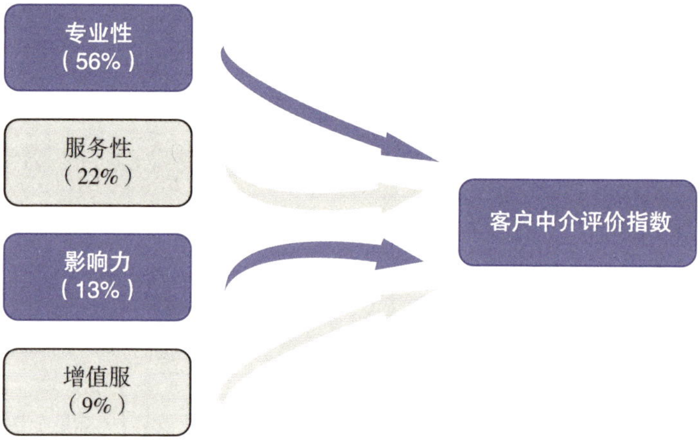

图3–3 评价指标重要性

这也反映出家长和学生在评价中介机构总体业务内容时非常务实。对他们来说，周边服务并不是最重要的，他们的聚焦点还是中介机构的核心价值所在——能够体现其品牌价值和专业性的部分，包括合理的择校定位、个性化的文书准备、专业且有责任感的顾问老师以及公开透明的申请流程。最终录取学校是否满意是对于服务专业性的重要考量因素。另外，服务条款、签证服务及一站式服务等对客户的评价满意度也有着重要影响。

从现阶段来看，留学家庭对留学中介机构在媒体舆论中是否足够正面、规模是否够大、口碑是否较好等方面的表现持保留态度，他们更倾向于在核心服务方面对其进行直接考量。随着近两年留学中介机构服务产业链的扩充，衍生类增值服务（如科技便捷性、留学生态圈等）也逐渐得到留学客户的认可，但相对于核心服务，选择此类服务的留学家庭并不多，留学中介机构仍需进一步在服务上做深、做实。

二、留学中介机构分区域榜单

留学中介机构分区域榜单是基于“留学中介机构客户评价指数”，根据留学中介机构的客户所在地区进行分析而得出的。各个留学中介机构在不同区域的覆盖范围、服务内容和服务团队均有所差别，分区域榜单意在对不同留学中介机构在各个区域的表现做出参考性评估，为留学家庭提供参考。针对区域性留学中介机构的评价，多来源于留学中介机构官网介绍以及留学中介机构客户调研结果。

相对来看，北京市场各留学中介机构品牌竞争最为激烈，江浙沪、珠三角地区都有表现突出的地方性留学品牌。而从城市级别上看，二线城市的留学中介机构多从临近一线城市延伸而来，其品牌的区域属性较强。二线城市的学生及家长在进行留学中介机构选择时，可多方比较，也可以通过网络和电话向临近的一线城市留学中介机构进行咨询。综合来看，一线城市市场竞争水平高，有一定的服务优势，而区域性留学中介机构对本地学生及申请水平更为了解，在申请过程中的沟通也较为及时有效，留学家庭可以根据自身情况进行选择。

1.北部地区

北部地区留学中介机构评价榜单如表3–3所示。

表3-3 北部地区留学中介机构评价榜单

1	新东方前途	8.11
2	金吉列	8.04
3	艾迪国际	7.79
4	澳际教育	7.78
5	啄木鸟留学	7.77
6	优越教育	7.71
7	启德留学	7.63
8	太傻留学	7.57
9	百利天下	7.56
10	天道留学	7.46

北京是留学市场的主要竞争地区，很多全国性中介机构的总部和注册地都在北京，市场竞争激烈，留学中介机构的服务质量较高。

新东方前途隶属于新东方教育集团，经过21年的发展，已经积聚了丰富的案例经验和高效、统一的服务标准，其择校定位服务、标准化的服务流程，以及其提供的留学申请材料清单清晰度，都得到了留学家庭的较高评价。

金吉列留学以顾问式的服务模式不断提升顾客的留学服务体验，提供规范化、现代化的服务标准和服务流程，获得了ISO9001国际质量管理体系认证；而在申请过程方面，该机构的申请公开透明，申请账户可以查询，这些均得到了留学客户的较高认可。

艾迪国际属于教学加中介服务一体化的机构，有自己的国际学校，与众多海外机构和知名院校合作紧密，专业性和资源是其优势所在。在留学服务方面，其择校定位得到了客户的普遍认可。

澳际教育早期专注于澳洲留学申请，通过近几年的积累与快速发展，其业务范围也逐渐向其他国家扩展，美加留学、英国留学也在市场上赢得了很好的口碑。在服务方面，澳际留学注重与科技化的结合，通过打造留学“互联网+”新生态圈，实现传统服务模式与线上留学服务模式的共赢共生，利用互联网“免费、快捷、开放”的特性，为留学客户提供全面而深入的个性化留学体验。

啄木鸟留学专注于美国留学，定位高端，提供美国留学垂直领域的定制化方案，其定位清晰，在申请过程中能深入了解学生自身情况并进行拓展提升，在美国留学申请中做得较为优秀。

太傻留学是国内最早开始提供留学咨询服务的中介机构之一，通过留学服务、论坛和太傻旗下其他平台的协作，其在文书服务方面有一定优势——为学生提供有专业特色的文书写作，契合学校和专业的关注点。

整体来看，北部榜单排名前10位的留学中介机构大多设置了全国分支机构，服务范围覆盖全国多个城市，品牌有保障，案例丰富，经验丰富，提供一站式服务的水平较高。

2. 南部地区

南部地区留学中介机构评价榜单如表3–4所示。

表3–4　南部地区留学中介机构评价榜单

1	新东方前途	7.91
2	艾迪国际	7.80
3	启德留学	7.68
4	澳际教育	7.47
5	金吉列	7.39
6	新通国际	7.37
7	天道留学	7.35

（续表）

8	华通留学	7.30
9	侨谊留学	7.23
10	飞渡教育	7.17

南部的留学生聚集地区主要是广州和深圳，也是教育资源比较集中的城市。大部分留学中介机构都在这两个城市设有分支机构。在北部表现突出的新东方前途和艾迪国际在南部也有着不错的表现。

启德留学是总部在广州的全国性留学机构，其影响力和品牌力在广州占有优势，拥有丰富的院校合作资源，提供“咨询+培训+留学”的一站式优质服务，在南部表现较为突出。在申请过程中，启德留学提供的选校数量和透明度相对较高，签证辅导服务也较为实用。

华通留学提供包括教育信息、留学申请、海外留学陪护在内的服务体系，和澳洲院校的合作资源较为丰富，在南部地区也获得了较高的认可。

侨谊留学的前身是广东侨谊海外交流服务中心，后全线加盟了香港学联集团，积累了英国、美国、加拿大、澳大利亚、新西兰等多国的合作院校资源。

飞渡教育是一家专注英美留学的高端教育服务机构，以广州、深圳为中心，目前其规模已经覆盖全国多个城市，并在美国波士顿成立了分部。

一般来看，高端中介机构对学校招生政策和要求的了解度较高，有一定的国外专家资源，顾问老师的跟进和参与度较高，申请目标的达成满意度较高。随着南部城市的低龄留学和高端留学市场的发展，从事高端申请的中介机构在该地区蓬勃发展，比如美联国际留学、藤门国际、华英教育等，都是专注于高端留学申请的中介机构，值得关注。

3. 东部地区

东部地区留学中介机构评价榜单如表3–5所示。

表3–5　东部地区留学中介机构评价榜单

1	澳际教育	8.38
2	启德留学	8.25
3	啄木鸟留学	8.14
4	金吉列	8.08
5	中智留学	8.07
6	拓达留学	7.97
7	华恒留学	7.93
8	中锐留学	7.92
9	学美留学	7.88
10	新通国际	7.39

全国性留学机构，如澳际教育、启德留学、啄木鸟留学和金吉列，在东部地区取得了不错的表现，上海本地的留学中介机构，如中智留学和中锐留学，也获得了较高的认可。东部沿海地区经济发展水平较高，整体来看留学中介机构资源丰富，不同城市的本地留学机构在当地也表现突出。

中智留学是在上海注册的中介机构，占有本地化优势。中智留学有较强的教育资源优势，与澳大利亚、英国、加拿大、美国、法国等国家的众多院校及教育机构建立了长期、稳定的合作关系，特设医学申请及高端名校联申项目，满足学生申请不同学科的需求，在服务流程上也得到了客户的较高评价。

拓达留学专注于商科的申请及职业规划，是提供商科一站式服务的机构，关注留学圈子、海外实习、职业发展方面的咨询。在商科领域，拓达留学能够及时掌握申请专业的具体情况和最新信息并反馈给学生，通过背景提升和留学规划，帮助申请者达到或提升申请预期。

华恒留学与美国、英国、加拿大、澳大利亚、新加坡等地的世界名校建立了合作，办理高中、本科、研究生申请，有着较为丰富的留学案例库和专业的服务团队，提供签证辅导、行前辅导、海外生存、职业规划等一系列完善的增值服务。

学美留学创立于中国台湾地区，专注于美国留学申请，低龄留学申请资源比较丰富。学美留学深耕美国申请，能够及时了解学校招生政策和招生要求，为学生提供定制化的拓展提升。

新通国际是在浙江起家的留学中介机构，其分支机构主要覆盖江浙沪地区，是浙江老牌的留学中介机构，总部设在杭州，在当地的市场份额居于首位，拥有良好的口碑。近年来，新通国际不断延展服务内容，其留学后续服务（如与学校沟通上学期间的住宿安排等）也得到了留学客户的较高评价。

东部地区留学需求大，留学中介机构和分支机构基本都覆盖上海、杭州等城市，也有很多起家于江浙沪的本地中介机构，其留学中介市场竞争激烈。

4. 西部地区

西部地区留学中介机构评价榜单如表3–6所示。

表3–6　西部地区留学中介机构评价榜单

1	新东方前途	7.99
2	澳际教育	7.79
3	百利天下	7.75
4	启德留学	7.71

（续表）

5	啄木鸟留学	7.62
6	天道留学	7.61
7	顺顺留学	7.52
8	艾迪国际	7.49
9	四川省留学服务中心	7.28
10	华通留学	6.78

西部留学中介市场以全国性的大型机构竞争为主。新东方前途、澳际教育、启德留学都是在全国范围内拥有多家分支机构的中介机构，可见在西部的留学中介市场上，品牌规模、口碑和是否有分支机构在很大程度上决定了留学客户对于中介机构的整体评价。百利天下以美国、加拿大、英国、日本、澳大利亚留学咨询、留学职业规划、留学申请、留学签证为主营业务，在成都和西安均设有分支机构。

在区域性扩张时如何维持高标准的服务以及顾客的满意度，一直是各大型中介机构思考的课题。由于不同地区学生的学习情况及申请目标有所不同，留学中介机构在进入新市场时，务必深入了解当地学生的学校情况、课程情况、申请环境、需求及痛点，在有针对性地调整服务标准及流程后再铺开。

西部的留学市场也涌现出很多的区域性品牌，包括英泰思特、卡索留学、华樱留学、四川省留学服务中心等。区域性品牌扎根于当地，对本地学生的情况较为了解，也大多积累了不错的国外院校与国内院校的合作项目，对留学家庭来说，时间及交通成本更为经济。

此外，顺顺留学是互联网留学申请的典型代表。在西部留学服务机构数量有限的情况下，顺顺留学通过线上服务打破了地域限制，在西部地区也获得了较高评价。在顾问老师的亲和力、整体服务条款方面，顺顺留学在留学客户的评价中认可度较高。

5. 中部地区

中部地区留学中介机构评价榜单如表3-7所示。

表3-7　中部地区留学中介机构评价榜单

1	伯乐留学	8.07
2	天道留学	8.06
3	启德留学	7.99
4	金矢教育	7.96
5	新东方前途	7.90
6	新通国际	7.88
7	金吉列	7.85
8	威久留学	7.76
9	新航道留学	7.75
10	澳际教育	7.72

中部地区和西部地区类似，上榜的10家机构多为全国性的机构。伯乐留学总部位于北京，在上海、武汉、沈阳、广州、温州、呼和浩特等城市均设有分公司，并先后在荷兰、英国、美国、澳大利亚、加拿大等国设立了海外服务中心，为留学生提供出国留学服务、出国语言培训服务、国际教育合作服务等。

天道留学提供留学咨询服务，是国内率先将职业规划、研究能力、情绪管理等软能力融入留学咨询和申请服务的机构之一，通过提供咨询式的服务更好地满足学生的定制化需要，其文书服务和定制化的服务流程得到了留学客户的较高评价。

金矢教育专注于英国留学，与海外院校合作密切，在申请资源和成功率方面具有优势，同时，丰富的案例库也给留学定位提供了参考，录取学校的满意度较高。金矢教育顾问老师的专业度和亲和力得到了留学客户的较高评价，在签证环节的面试辅导实用性较高。

新航道留学隶属于新航道教育。新航道教育旗下设有留学服务、语言培训等多个业务板块，业务之间的协同对留学生文书准备起到了很好的提升作用。

三、留学中介机构分留学目标国家/地区榜单

留学中介机构分留学目标国家/地区榜单同样是基于“留学中介机构客户评价指数”。不同国家和地区的申请要求、流程有所不同，每个中介机构主要的学校资源和申请团队也根据不同国家的申请状况有所区分。有的中介机构专注于某一个国家的申请，有的中介机构在多个国家申请上积累了一定的资源，这都会使得其在申请者中的口碑和满意度产生差异。相对来看，由于选择去美国留学的学生最多，申请竞争最为激烈，申请流程较为烦琐，故专注于美国留学申请的中介机构较多，竞争也更为激烈。

1.美国

美国留学申请中介机构评价榜单如表3–8所示。

表3–8　美国留学申请中介机构评价榜单

1	新东方前途	8.07
2	澳际教育	8.03
3	金吉列	7.93
4	嘉华世达	7.90
5	天道留学	7.85

（续表）

6	中智留学	7.83
7	华恒留学	7.81
8	艾迪国际	7.80
9	东方国际	7.79
10	学美留学	7.77

在美国留学申请中介机构榜单中，上榜的10家机构多为综合型中介机构，美国是其重要的业务单元。其中，新东方前途在北美申请，尤其是美国本科申请方面，积累了较为丰富的经验，也配备了强势的服务团队，整体表现突出。2017年9月，新东方前途出国又与美国新闻全球教育（US News Global Education）联合举办了“全美知名大学中国地区信息发布会暨2018美国大学申请趋势大数据解读”，为中国学生解析最新发布的“《美国新闻和世界报道》美国大学排名”。

澳际教育的北美业务线近两年表现强势，集合语言准备、背景提升、签证办理、学业和职业目标规划等为留学客户提供了一站式的留学服务。2017年6月，澳际教育在品牌传播方式上进行了改变，将其曾经的品牌形象年轻化，并提出“境内外全价值服务教育平台”的概念。

金吉列在全国有49家分支机构，对各类主流学科及主要留学目的地都积累了丰富经验，在北美申请方面也深耕多年。金吉列也经常邀请常春藤大学教授同中国家长及学生进行留学方面的互动。

嘉华世达专注美国留学多年，以其申请成功率和服务保障赢得了市场认可，现在虽然拓展了其他国家的业务，但是美国申请依然是其重要优势。从客户评价来看，嘉华世达2017年在申请流程的公开透明、申请账户查询方面表现突出。另外，提供文书帮助的老师能够耐心解答问题并配合修改，帮助学生顺利地达到申请的目标。

天道留学2017年在各项留学服务的满意度评价表现均较为突出，在服务的个性化方面创新明显，将学生的申请需求标签化，如转/混申专业、在职申请、低分反转、小本逆袭、常春藤、DIY失利、海外申请、文理学院、情侣党、艺术等。2017年5月，天道留学发布了《2017中国学生留美申请现状及趋势白皮书》，这也是其第四年发布留美趋势白皮书。

2.加拿大

加拿大留学申请中介机构评价榜单如表3–9所示。

表3–9　加拿大留学申请中介机构评价榜单

1	天道留学	8.06
2	中智留学	8.00
3	嘉华世达	7.97
4	澳际教育	7.89
5	金吉列	7.87
6	艾迪国际	7.82
7	启德留学	7.70
8	优越教育	7.69
9	新东方前途	7.63
10	新航道留学	7.60

加拿大因其优越的教育及生活环境，近年来越来越受到留学家庭的青睐，尤其以高中及以下（K12）的低龄留学家庭居多。整体来看，加拿大的大学学制、申请要求、申请流程都与美国类似，留学中介机构在美国开展留学服务的同时，也开拓了加拿大留学业务，形成了北美留学中介市场。但高中及以下阶段的申请要求在加拿大的不同地区有所区别，

留学家庭在选择中介机构时要多方比对，深入考察各中介机构在细分领域的优势。

在加拿大留学申请中介机构评价榜单上，天道留学、嘉华世达、澳际教育和金吉列均有不错的表现。这也得益于它们之前对美国市场的深耕。另外，中智留学扎根上海，顾问老师团队稳定，能了解目标专业各项目的差异及优势，了解学校招生政策，熟悉学校招生要求，在申请时，能够及时告知学生最新申请结果，并提供面试指导。

3.英国

英国留学申请中介机构评价榜单如表3-10所示。

表3-10　英国留学申请中介机构评价榜单

1	伯乐留学	8.14
2	天道留学	8.13
3	嘉华世达	8.04
4	新东方前途	8.03
5	金吉列	7.84
5	启德留学	7.84
7	啄木鸟留学	7.82
8	太傻留学	7.78
9	澳际教育	7.76
10	华恒留学	7.75

相对于美国，英国的教育体制在教育时长、大学机构、评分方式和费用上都有所不同。英国的学士、硕士学位课程基本上都比美国短一年，英国的综合性大学通常由各专业学科的“学院”组成，各学院有较大的自主权。所以学生在进行申请时，可以直接向想要申请的学院申请，或者通过一个系统一次向多个学院申请，这需要学生在申请时明确自己的

申请方向。

从中介机构服务来看，大型中介机构，如天道留学、嘉华世达、新东方前途、金吉列等，都有不错的表现。伯乐留学提供定制化的服务，能够根据所申请学校和专业的关注点总结申请关键点，在英国留学申请中介机构评价榜单中的表现尤为突出。

4.澳大利亚

澳大利亚留学申请中介机构评价榜单如表3–11所示。

表3–11　澳大利亚留学申请中介机构评价榜单

1	中智留学	8.07
2	天道留学	8.02
3	新东方前途	7.84
4	金吉列	7.77
5	澳际教育	7.75
6	启德留学	7.72
7	嘉华世达	7.71
8	新航道留学	7.68
9	新通国际	7.65
10	东方国际	7.58

澳大利亚的教育体制与英国较为类似，但其教育资源更为集中，除了澳大利亚国立大学、墨尔本大学、悉尼大学等八大高校之外名校较少，因此，中介机构的院校合作资源就显得尤为重要。从榜单上也可以看出，上榜的多为资源型中介机构，它们与澳大利亚院校和机构的合作比较紧密。

澳大利亚是中智留学的主要申请目的地之一，该机构提供包括语言、高中、预科、本科、硕士以及博士在内的一系列留学项目，并且在出国签证和出国后的生活上为学生提供指导。

天道留学提供方案式的留学服务，针对澳大利亚的热门专业，如工程类、护理类、建筑、IT、食品营养、会计、教育和传媒等专业，结合申请者的特点进行留学规划。

新东方前途推出澳大利亚真实课堂模拟、名校巡展等活动，让留学客户真实地了解、体验澳大利亚留学，为学生的留学选择提供了第一手的参考资料和指导。

5.其他国家及地区

除了美国、加拿大、英国、澳大利亚等主流留学国家的申请服务外，不少留学中介机构近年来也非常重视其他留学国家及地区的申请服务，服务垂直化与服务升级并行。其他国家及地区留学申请中介机构榜单如表3-12所示。

表3-12 新西兰、德国、法国、日本、新加坡、韩国及中国香港留学申请中介机构评价榜单

新西兰			德国			法国		
1	新东方前途	8.02	1	澳际教育	8.32	1	嘉华世达	8.80
2	启德留学	7.98	2	嘉华世达	8.21	2	澳际教育	8.18
3	新通国际	7.98	3	新东方前途	8.11	3	金吉列	8.08
4	金吉列	7.92	4	金吉列	7.97	4	新东方前途	7.98
5	澳际教育	7.81	5	启德留学	7.89	5	东方国际	7.95
日本			新加坡			中国香港		
1	新东方前途	8.05	1	嘉华世达	8.11	1	嘉华世达	8.63
2	东方国际	7.99	2	津桥留学	7.94	2	津桥留学	8.05
3	金吉列	7.94	3	艾迪国际	7.93	3	启德留学	7.93
4	启德留学	7.75	4	新通国际	7.92	4	金吉列	7.78
5	澳际教育	7.71	5	启德留学	7.88	5	新东方前途	7.77

（续表）

韩国		
1	嘉华世达	8.89
2	金吉列	7.80
3	启德留学	7.62
4	新东方前途	7.55

对于新西兰、德国、法国等相对申请人数较少的留学国家，大型中介机构拥有相对较多的申请案例，经验也更为丰富，所以小众国家申请上榜的留学中介机构多为覆盖全国的大型中介机构。

与欧洲申请相似，占据亚洲主要国家的中介机构排名榜单的也是全国性机构，包括金吉列、澳际教育、启德留学、新东方前途、嘉华世达等。不过，针对不同的国家和地区，每个中介机构的优势也有所不同，占据榜单榜首的中介机构也不相同。新东方前途的优势在于新西兰和日本的申请，嘉华世达在新加坡、法国、韩国榜单中评分较高，澳际教育的优势在于德国的申请。

四、留学中介机构分学科榜单

分学科申请中介机构评价榜单如表3–13所示。

表3–13　分学科申请中介机构评价榜单

社会学科			商科			工科		
1	金吉列	8.01	1	新东方前途	8.13	1	嘉华世达	8.66
2	启德留学	7.97	2	中智留学	8.11	2	天道留学	8.25
3	澳际教育	7.65	3	艾迪国际	8.08	3	金东方留学	8.25
4	新通国际	7.60	4	澳际教育	8.07	4	新航道留学	8.18
5	嘉华世达	7.51	5	新航道留学	8.06	5	新东方前途	8.14

（续表）

理科			文科			艺术类学科		
1	华恒留学	7.90	1	天道留学	8.08	1	嘉华世达	9.19
2	天道留学	7.86	2	太傻留学	8.07	2	金吉列	8.05
3	东方国际	7.81	3	金吉列	7.96	3	澳际教育	7.74
4	啄木鸟留学	7.79	4	新东方前途	7.90	4	启德留学	7.72
5	金吉列	7.79	5	艾迪国际	7.79	5	新东方前途	7.68

商科和理科是留学申请的主流学科，多数中介机构都设置了专门的商科申请事业部，也有不少中介机构专注于商科申请。相对来看，社会学科、文科及工科的申请量较小，对于多数中介机构，其案例库的积累还未达到商科的水平，这对其留学顾问的自身背景和专业能力提出了更高要求。艺术类学科近年来处于上升趋势，法国的服装艺术、英国的工业设计和陶瓷艺术、加拿大的室内设计、意大利的传统艺术和应用类艺术专业，都越来越受到留学生的青睐。工科的申请在研究生及博士阶段相对较多，对学生的研究背景要求较高，学生通常会主动地和学院老师、实验室老师进行前期沟通，中介机构在整个申请过程中更多地是起到一个流程管理的辅助作用。相对于商科、理科等主流专业，艺术类、文科类、社会科学类等专业对标准化考试成绩要求较低，但对学生个人的学科能力或作品集的要求较高，这对一些“流水线”作业的中介机构提出了挑战，也促进了一些个性化小型中介机构的发展。

对于社会学科的申请者来说，他们的主要痛点在于没有完整的学校、专业和项目列表可以在择校定位环节作为参考，以及在文书中也无法根据所申请学校和专业的关注点突出关键点。针对社会学科申请者看重并且缺失的这些方面，上榜的中介机构能较好地满足他们的需求，金吉列顾问服务起到了很好的补充作用，启德留学在文书方面具有特色。

商科是中国留学生的主流选择，也是留学中介机构最早帮助学生申请的学科之一。在商科申请方面，中介机构的盲点较之其他学科较少，留学家庭的未满足需求及痛点较少，相对比较突出的需求是在文书个性化方面。新东方前途、中智留学、艾迪国际等在此方面表现突出。

在留学中介市场中，工科出身的顾问老师较少，顾问老师在兼顾多个学生、学科、专业的情况下，在申请中难免产生忽略工科申请者的现象。所以，在对留学中介机构的满意度评价方面，工科学生对于顾问老师的满意度略低，对于顾问老师的亲和力与整体服务不满较多。而在这些方面，大型中介机构由于留学顾问较多，其学科兼容性更强，因而其客户满意度较高。

理科也是热门的申请学科之一，华恒留学和天道留学有丰富的分专业申请案例库，可供留学客户进行定位参考。在商科留学规模化的背景下，天道留学更加注重文书的个性化服务，体现申请者的立体化背景。东方国际注重面试环节的辅导和语言培训，更好地满足了申请者的个性化需求。

文科留学申请学生在文书拓展提升方面有较大困扰，希望中介机构可以结合自身特点和背景帮助其有针对性地撰写文书，从而提升竞争力。在这一点上，天道留学、太傻留学、金吉列、新东方前途和艾迪国际都有比较好的表现，能够为学生提供较为可行的方案，个性化地提升文书。

艺术类专业虽然这两年处于上升期，但整体来看申请量有限，中介机构的经验还在积累中，大型中介机构由于规模优势积累较快，有相对丰富的成功案例或相似申请背景的案例可供留学客户参考。

五、留学中介机构分留学阶段榜单

1.高中及以下阶段

高中及以下阶段留学申请中介机构评价榜单如表3-14所示。

表3-14　高中及以下阶段留学申请中介机构评价榜单

1	天道留学	8.02
2	启德留学	7.83
3	啄木鸟留学	7.83
4	澳际教育	7.74
4	新通国际	7.74
6	华恒留学	7.71
7	新东方前途	7.70
8	中教国际	7.68
9	中智留学	7.62
9	金吉列	7.62

近年来，申请高中及以下（K12）阶段的留学群体日益扩大。但相对于大学及以上阶段，高中及以下阶段的申请市场尚在起步阶段，市场成熟度较低，这也是大型中介机构和小型精品工作室竞逐的市场。申请高中及以下阶段的学生及家长除了看重学校教育水平之外，也非常看重留学目的地的安全及环境，公立学校及私立学校对国际生的要求和后续教育的衔接，寄宿或住宿家庭的选择以及生活上的衔接，中介机构的增值服务等。

目前，高中及以下阶段的申请仍以北美地区为主，因而在美国申请表现突出的天道留学、启德留学、啄木鸟留学、澳际教育与和新通国际等均获得了较高认可。

2. 大学本科阶段

大学本科阶段留学申请中介机构留学评价榜单如表3-15所示。

表3-15　大学本科阶段留学申请中介机构评价榜单

1	学美留学	7.93
2	新航道留学	7.92
3	艾迪国际	7.91
4	天道留学	7.89
4	中智留学	7.89
6	金吉列	7.84
7	新东方前途	7.81
8	中教国际	7.80
9	伯乐留学	7.77
10	启德留学	7.75

从教育部统计数据来看，2016年留学出国攻读本科学历的学生约占留学总人数的1/3，相对于高中及以下阶段，申请大学阶段的学生的生活自理能力更强，有一定的独立性，在学习上面临的选择也更多。虽然不少学校提供在本科阶段转专业的机会，申请时专业的选择对留学生的长远学习及职业生涯依然有深远的影响。在这样的情况下，能够在择校、专业选择和留学规划上给予申请者最大帮助的中介机构更能赢得申请这一阶段学生的青睐。

3. 研究生及以上阶段

研究生及以上阶段留学申请中介机构评价榜单如表3-16所示。

表3-16　研究生及以上阶段留学申请中介机构评价榜单

1	新东方前途	8.02
2	天道留学	7.96
3	金吉列	7.91
4	华恒留学	7.89

（续表）

5	澳际教育	7.88
6	东方国际	7.79
7	中智留学	7.78
8	啄木鸟留学	7.75
9	艾迪国际	7.74
10	新通国际	7.72

在所有留学阶段申请中，研究生及以上阶段的申请最为成熟，在标准化、流程化的服务之外，留学客户也希望看到更多的个性化、定制化的服务内容。整体来看，当对中介机构进行评价的时候，择校定位是否合理、文书是否打动招生官、申请能否不出差错是留学客户关注的重点。

可以看出，在研究生及以上阶段的申请中，占据中介机构排名前10位的机构多为全国连锁型大机构。大型中介机构学校资源丰富，在申请过程中可以为留学客户提供更多的支持类服务，如学校列表、招生政策解析、案例库等，可以帮助留学客户更好地进行择校定位和文书准备，提高申请的成功率。

第四节　其他衍生增值服务介绍

一、留学中介机构衍生服务

近年来，随着留学低龄化趋势的发展，越来越多的学生和家长把目光投向了高中、大学阶段的申请。作为教育资源最为集中的国家，美国一直受到各国留学生的青睐，尤其是高中和本科阶段的申请竞争最为激烈。近几年，美国大学的录取率持续走低，一流名校的录取率仅在5%左右。而美国排名前100位的寄宿高中的录取率更是只有2%~3%。以美国一般的寄宿高中为例，它们每年大约会收到300~400份中国学生的申请，而它们的招生计划仅在5~10人，这使得学生的申请难度大幅上升——不仅对标准化考试成绩的要求越来越高，对申请成绩、文书的要求也愈发严苛。

学生想要在激烈的竞争中获得名校“入场券”，除了在硬性成绩上争取高分，也不得不在各种申请材料和申请流程上下足功夫。2016年，美国大学招生顾问协会推出了由美国83所高校共同创建的新的大学申请系统CAAS（coalition for access，affordability and success）。截至目前，共有517所美国大学宣布加入此系统，其中包括了哈佛大学、耶鲁大学、哥伦比亚大学、达特茅斯学院、芝加哥大学等一流美国大学，在美国的4 000多所高校中占比约为13%。相对于传统的通用申请系统CA，新系统更加关注学生的成长过程及经历，而不是仅将自己的优势表现在一纸文书上。新申请系统分为三个部分：虚拟储物柜、联盟协作平台和申请通道。从9年级开始，学生可以建立账户，储存自己的信息，提前规划4年的高中时间（美国高中学制为4年）。学生可以将自己9~12年级参与的所有学术和非学术的项目以及自我反思、体会等上传到虚拟储物柜，也可以在联盟协作平台上自主选择将材料分享给学校老师、申请顾问等。在申请过程中，学生也可以将虚拟储物柜中已有的材料有选择性地提交给目标院校。新系统记录了学生高中4年的学习、生活和比赛等情况，而国内学生普遍在高中最后一两年才开始冲刺美国本科，相对于其他国家的学生和美国本土考生将会有较大劣势。因此，对于中国学生来说，新系统的最大的影响就是学生应早计划、早申请，把准备留学所需的申请材料的任务落实到高中阶段甚至更早。

然而，仅仅有完美的成绩和申请文书并不能成为申请成功的必然保障，面试与沟通的重要性近年来愈加凸显。基于标准化考试成绩的筛选，招生官会选择通过面试来测试学生的综合能力是否达到入学要求，以及评估学生入学的真实原因。以往通过背诵和记忆通用问答的方式已经不足以应对面试官灵活多变的问题，而想要改变这一现状，只有早做准备，及早培养孩子的语言表达能力和沟通能力。

传统留学中介机构已经通过数以千计的留学案例形成了一套相对固定的流水线化作业模式，其文书方案成熟，申请效率高。但近几年的招生趋势表明，传统的对申请材料进行流水线式加工的方式并不能让学生脱颖而出，千篇一律的钢琴考级证书和大同小异的旅行相册并不会给招生官留下深刻的印象。招生官更愿意洞见学生的过去、经历以及申请动机，以此来判断学生是否适合在本校学习。传统留学中介机构如果想继续在留学申请及相关服务中保持竞争力，就必须从传统意义上的申请过程服务向考验专业度、个性化的定制式服务转变；从急救式解决申请中某些环节的问题向规划式制定全面成长的策略转变。这样才能更好地服务学生，实现价值大于价格的服务。

目前，将自己定位于提供定制化留学服务的高端留学中介机构因其高质量的顾问团队、定制化的特色课程以及个性化的申请材料培训，获得了越来越多学生和家长的青睐。高端留学中介机构的顾问团队成员通常是从海外高校毕业的学生或者这些学校的教授。其中部分海外教授甚至就是前任或现任海外高校的招生官、面试官。与传统留学中介机构的顾问团队相比，他们除了具备良好的专业知识外，更深谙东西方文化的差异，更加了解国外申请、招生过程中所看重的东西。同时，他们掌握第一手信息，拥有丰富的人脉，在处理国外优秀高中和本科的招生要求及录取偏好时也更加得心应手，这些能力在很大程度上帮助留学客户提高了录取概率。

同时，为了应对新的CAAS系统，学生需要提供高中4年（沿用美国本土高中4年的培养计划）的成长经历，对此，高端留学中介机构也为学生提供了量体式的特色化课程和定制化的学习实践规划。高端留学中介机构提供的特色课程时间更长，能够帮助学生早做准备，做到有计划、有目的地留学，将申请压力分散到高中阶段甚至更早。特色课程不仅包括标准化考试培训课程，而且还侧重于对学生表达能力、沟通能力等综合素质的培养。此外，针对留学申请文书缺乏个性化的问题，许多高端留学中介机构为学生提供了申请文书写作的挖掘课程和培训课程，坚持让学生自己书写文书，保证内容真实的同时也更具个性化。

目前市面上各个中介机构均面临服务/产品升级的问题，有一些中介机构定位高端，提供从规划、培训到申请的一站式服务，有的中介机构则在原有申请业务的基础上开展定制化申请业务。以下我们就以几家大型中介机构的高端品牌和一些小型精品中介机构为例进行介绍。

二、高端留学中介机构举例

1.澳际留学——傲美达

澳际留学旗下的傲美达品牌是隶属于澳际美国项目的高端品牌，主要服务于对美国排名前50位院校的申请。傲美达于2007年由江帆（Jon Frank）创立于美国，成立之初主要为美国本土学生和在美国读书的国际学生提供对于排名前50位院校的申请服务，后被澳际收购。傲美达拥有90多位世界顶尖的、来自不同国家的留学申请专家，其服务和申请团队的老师均毕业于美国常青藤名校。他们通过申请辅导帮助学生达到学业及职业目标，激励学生不断发掘自身的优秀品质，明确自己的独特性，并且帮助学生把这些特点清晰地表达出来。

傲美达项目针对不同留学人群的特点，为学生量身定制留学方案，致力于打造透明公开的留学服务过程。傲美达的特色服务内容包括常青藤导师辅导课程、英语会话练习、创造性写作、批判性阅读以及融入美国文化辅导课程等。其中，常青藤导师辅导课程包括为学生定制个性化的背景提升方案，分析和修改申请文书，模拟面试，以及参加常青藤盟校的实习活动。

2. 启德——Prestige Only

启德针对美国高中和本科申请所提供的高端留学项目Prestige Only是通过2~3年的个性化导师服务，帮助学生进入美国排名前30位的大学或寄宿高中的特色服务。

在整个服务过程中，Prestige Only会帮助学生突出个人特点以及长期发展特质，并且帮助学生在美国本科新的申请系统CAAS中展现出这些优势；另外会和学生一起将这些内容上传到线上作品集，以塑造出有竞争力的申请。作品集包括拍摄社区服务短片来展现领导力才能，发展独立项目来展现学生的创业精神等。同时，Prestige Only在申请过程中通过长期指导规划、咨询会议、学期进度报告、服务质量评估会议、模拟招生委员会和集训营等形式为学生提供升学指导和远景战略规划，致力于提升学生的核心竞争力。

3. 美国常春藤教育

美国常春藤教育（Ivy Labs Education）于2001年创立于耶鲁大学校区，专注于美国私立中学及本科升学指导，尤以结合学生心性成长、学术与课外活动发展的早期规划见长。其服务对象主要为就读于中国知名公立高中或国际学校的学生，以及就读于美国私立中学的中国国际学生和华裔家庭子女。目前在北京、香港设有办公室，以提供美国优秀私立中学及大学升学指导解决方案，整合美国优质教育资源为核心业务，为学生和家庭提供文化融入、学术指导、家校沟通，升学规划，以及社区服务规划、假期安排等服务。

美国常春藤教育拥有全职导师近30名，均毕业于哈佛大学、耶鲁大学、宾夕法尼亚大学等顶尖院校，拥有多元知识背景和丰富的升学指导经验。在课外活动能力培养、心性成长辅导、学术能力拓展等方面均有专业的团队进行服务。在过去三年服务的美国本科申请者中，有40%进入排名前20位的美国综合性大学或文理学院，几乎100%进入排名前50位的美国综合性大学或文理学院。

4.凭远留学

凭远留学成立于2009年，专注于美国本科申请，提供大学规划、转学、就业指导等咨询服务，并且利用其优秀的校友网络资源，为学生今后的发展铺路。

凭远留学为每个学生配备一个主顾问、一个中方申请顾问和一个美籍文书顾问，平均学生顾问配比为1∶6。主顾问作为业内资深顾问，全面把握申请信息变动及学生情况和心态，从各个角度为学生申请做宏观把控。中方申请顾问更了解中国高中和中国学生的情况，他将负责学生整个申请流程的操作。而美籍文书顾问更了解美国学校招生的标准及理念，也更善于将学生的素材以美国化的方式表现出来，因此他将负责学生的文书启发与修改。同时，对于每一个学生案例材料审核委员会顾问都会参与评估，以避免顾问的个人偏好影响学生申请策略。此外，凭远留学开发了适合高端留学的科学管理系统，将所有的环节进行系统性拆分，避免材料遗漏，或超出截止日期等失误。

5.藤门国际

藤门国际（Ivygate）是国内专注于美国留学，并以提供美国名校前招生官咨询服务为特色的高端留学咨询服务机构。从2007年至今，藤门国际有90%的学生进入了美国前30位的顶尖名校。目前，藤门国际已形成以北京为总部，全资拥有北京、上海、深圳、南昌、波士顿5间办公室，中外籍员工人数达到170余人的规模。

藤门国际为学生提供导师3对1甚至4对1的专享服务，既以美国名校前招生官辅导保证权威性，又有中国名师参与服务，保证沟通顺畅及细节完成度。从名师1对1标准化考试培训确保成绩，到留学申请前早规划项目保证学生软性背景提升，再到留学申请中前招生官权威指导，藤门国际拥有一整套服务链条。藤门国际以60余位美国名校前招生官为基础，构建了美国顶尖名校招生官圈子的申请信息沟通网络；同时以藤门国际—清华校友圈内部资源为主体，构建了覆盖美林银行、摩根士丹利等全球500强企业实习资源网络。

6.学美留学

学美留学面向高端留学人群推出“美国本科顶级名校申请项目”，利用自身丰富的申请经验和与美国名校建立的申请渠道，帮助中国顶尖的优秀学生成功申请美国排名前30位的名校，并且提供申请奖学金的指导服务。2017年，学美首创“北极星”导师计划，在原有的6对1咨询服务体系的基础上升级为多对一咨询服务体系。学美留学成立至今已经累计帮助了近250名申请者成功申请到美国排名前15的大学本科。

申请美国顶级名校，标准化考试和高中成绩只是基本条件，学美留学打造了中外专家顾问团队和申请中心，组建了一支由美国常春藤大学在校生和毕业生组成的文书指导团队（mentors），将学生的个人综合素质和特长在文书中展现出来，让学生在众多申请者中脱颖而出。通过工作坊（workshop）的方式，搭建了一个学生和文书指导顾问、学生和学生之间的交流平台。这样做可以将申请学生、名校校友、中外专家顾问三方完美地结合在一起，透过此平台进行申请指导与脑力激荡，使得学生最终能够突破传统思维，写出符合美国顶级名校申请标准且极具个性化的文章。

整体来看，高端留学中介机构提供的多为定制化的留学服务，服务费用相对较高。为保证申请结果，通常这类留学中介机构对学生本身条件有一定要求的门槛。在选择留学中介时，留学家庭也要调整心理预期，无论选择何种中介，留学申请都需要学生自己的主动性与积极性，与顾问反复沟通，完善申请材料。

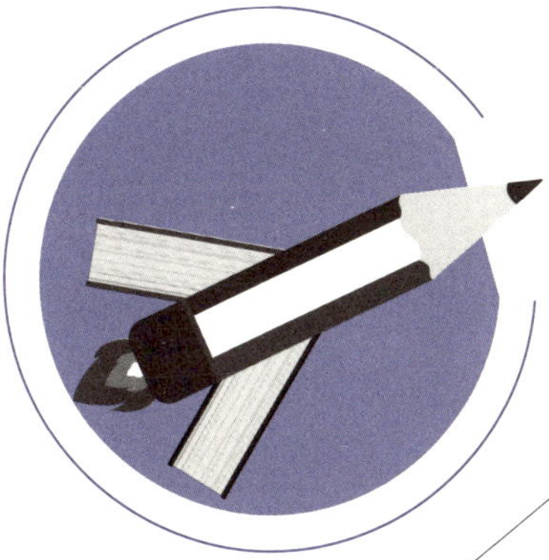

第四章

走近留学生的一方天地

第一节　留学学习篇

一、国外学业不轻松，本科学习压力大

如图4-1所示，各个学习阶段的留学生在学习方面都有压力，对比来看，学生在本科阶段和研究生阶段的学习压力相对较大，在高中及以下阶段的学习压力相对较小。

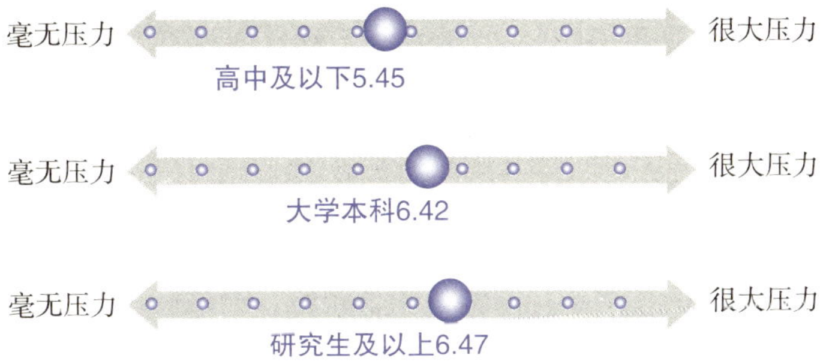

图4-1　学习压力指数（分阶段）

资料来源：2017年海外留学生调研，共采集1 025份样本。

1.高中阶段

去国外读高中的学生在学习方面的压力相对较小，这与国内夯实的基础教育有关。国外高中的部分课程都是国内学生在初中阶段就已经熟练掌握的，所以他们在就读国外高中时往往是以已经学过一遍的心态去巩固。有的学生甚至可以直接通过学校的测评，选择跳过某些课程。这

对学生心理优势的建立以及学习成绩都有着积极的影响。

尽管如此，国外的高中课程也并非只有轻松，在国外上高中也会面临很多问题，比如语言、文化背景以及知识层面的挑战。

国际学生在刚到国外的时候，每天做作业（包括预习复习）的时间会相对长一些。其原因包括不适应用英文或当地语言，写作、阅读的速度跟不上，不能完全听懂上课内容等，尤其是对于所涉及的专业及学科词汇。对于这些困难，学生需要提前做好准备，如提前预习，花时间查找相关资料文献等，这样做有助于提高学习效率，以便更好地掌握知识。

国外中学的成绩算法和国内不同，不管是课本作业，还是阅读测验、小短文、研究报告、演讲汇报，都会作为平时成绩，最终被算入总成绩，并直接影响学生的大学申请。要想保持平均学分绩点（GPA）获得高分，仅依靠期中、期末考前突击是不够的，而是必须把每一份作业都做到优秀，这也是许多学生表示学习有压力的原因之一。

例如，在美国高中，历史是一门主要学科。无论学生将来报考什么大学，从事什么专业领域的学习，高中的历史都是非常重要的。学生们每天会有很多作业，历史作业形式也很丰富，包括阅读、评论、跟进、小组项目等，花上几个小时写作业是很平常的事。

另外，中国学生初到美国读书时，大部分学生还是住在寄宿学校或者寄宿家庭中，除了学习以外，他们还面临很多来自日常生活的挑战。对于留学生，特别是年龄较小的留学生，寄宿家庭和寄宿学校提供的多是一个安全可靠的居住环境，很难提供像在国内家里一样无微不至的照顾。如果学生没有在留学前就培养出好的生活能力、社交能力以及独立处理和解决问题的能力，那么高中四年的学习生活将会是个严峻的考验。

心理咨询案例

案例回顾

正像电视剧《小别离》中所描述的，并不是所有的孩子都适合很早就离开父母出国读书，在现实生活中，每个孩子的情况也都有所不同。

在这个真实的案例中，小刚同学本身并非很想出国读书。小刚妈妈觉得周围的孩子都出去了，不希望自己的儿子将来竞争力下降，所以替他做出留学的决定。小刚同学的自我约束能力和学习能力本身就不太强，出国前基本上是由他爸爸带着他一起学习，到了国外之后，他的身边缺少引导和陪伴，学习不断出现问题。后来几经波折，他虽然申请到了大学，但是每次考试的成绩都不理想，之后，他的心理健康也受到了影响，甚至出现了拒绝沟通的严重情况。现在，小刚同学已经休学回国，寻求心理治疗。

从这个案例中我们可以看出，小刚同学其实并不具备很小就去国外留学的能力，不仅是学习能力，他的心智以及思维方面的发展也都没有达到适应国外生活的状态。他在成长过程中没有机会发展自我，留学前很多事情依赖于父母的决定或指导，所以，当他一个人在国外独立学习的时候，这种缺乏自我决策能力的弱点就会逐渐显露出来。没有父母的帮助，他不知所措。此外，小刚同学内向的性格在新环境中没有得到正向的输出，他没有交到能够进行沟通的知心朋友，到了美国之后更加孤独，再加上学业方面的困扰，他的留学生活变得更为痛苦。同时，父母的期望、投入和批评又让他心生愧疚，带给他极大的心理压力。

究其留学悲剧的原因，父母的教育方式不当是一个主要方面。他们在小刚同学的成长过程中对他的过分呵护反而给他造成了很多发展上的局限。

反思

现在，很多家庭的经济条件都越来越好，不少家长都开始思考何时送孩子出国留学最合适的问题。是不是越早出去越好呢？

其实答案是，视孩子情况而定。如果家长对孩子的引导和教育是到位的，孩子比较成熟，适应能力强，出国之后可以承受环境的挑战，他就比较适合出国。早出国不仅会让他更早地适应国外的生活，还能激发他适应新环境的能力。

但是，如果家长教育孩子的方式没有给予孩子足够的成长空间，孩子的适应能力、解决问题的能力都很差，这时，即使家长对孩子有很高的期待，也要谨慎考虑是否送孩子出国。

家长如果想让孩子去国外学习，那么在出国之前，除了要对家庭经济条件进行评估之外，还需要借助性格测试、心理测试对孩子的学习能力、人际交往能力、适应环境的能力、独立生活能力、金钱管理能力、时间管理能力、心理成熟度进行全面的评估。对于未成年的孩子，家长在评估的时候更需要考虑全面。

有人际交往障碍或者学习障碍的孩子不能独自应付国外的生活。在人际交往方面有严重障碍的孩子一旦去国外生活，可能会遇到更大的困扰。例如，有些孩子在出国前基本只和家里人交往，对外人很封闭，他出国之后可能会更加封闭自我，进而会感到非常孤独和无助。

如果将这样的孩子托付给寄宿家庭，孩子又必须面对如何与寄宿家庭相处的问题。在这种情况下，一般不建议送孩子出国留学，或者孩子需要在监护人的陪同下留学。否则，孩子所要面临的挑战是很大的。

对于低龄化学生的出国留学，需要深思熟虑、综合评估后再做决定，避免事与愿违。而且，在留学过程中，家长还要积极跟学校、监护人沟通，确保孩子得到适当的引导和帮助。

美国高中的很多课程是国内高中没有的，比如第三语言。很多美国高中将拉丁语和西班牙语设为必修课程。拉丁语是很多西方语言的基础，虽然生活中拉丁语的应用场合很少，但是学好拉丁语会对学习其他西方语言的学习起到促进作用。美国和南美洲距离很近，而南美洲除巴西以外的其他国家的官方语言都是西班牙语，又因美国有很多墨西哥移民，所以在美国，西班牙语是非常流行的一门外语。

另外，美国高中非常重视体育运动和社会工作能力。高中学生会参加各种流行的体育运动，如橄榄球和篮球等，通过这些体育活动展示和发展自我。而社会活动就更加丰富多彩了，除了各种兴趣社团以外，还有多种帮助社会弱势群体以及让社区更美好的义工活动。

在美国高中的11和12年级开始有AP课程，这类课程作业量较大，这使得学生的阅读量激增；而且学生此时还会学习部分大学课程（如微积分等），需要对知识活学活用，作业难度也会有大幅度提升。很多时候，老师在课上只是蜻蜓点水，学生需要从布置的几十页的阅读任务中自己寻找作业答案。此外，许多学生在11年级下半学期和12年级上半学期已经开始准备大学申请材料，繁忙的学业加上繁杂的学校申请工作往往令学生们焦头烂额。

出国留学的高中学生要根据自己所在国家和地区以及未来大学的申请规划，选择相应的课程学习。国外的高中虽然不涉及国内的高考，但也并不是毫无压力。每一个年级都有不同难度的课程，从达到高中毕业要求的基本课程到大学预备课程，全部课程有十几门甚至更多。学生的课业压力取决于不同学校和不同阶段，而高中阶段出国留学，无疑会对学生本人的综合应对能力提出各种挑战，这同时也是一种锻炼，可以使他们将来更好地适应大学生活。

2.大学阶段

在对留学生本科学习压力的研究中发现，这一阶段学生的学习压力相对较大。

美国本科一般是4年，采用的是绩点制度。学生一个学期的成绩由考勤、作业、课堂测试、课题研究和期中期末考试组成。所以，学生想要取得优异成绩，就需要做好每一个环节，这样才能在最终成绩上得到满意的结果。英国本科的学制一般是3年，相对来说学制较短，一年两个学期，每学期12周，课程偏重于实际应用而非理论，比较容易理解和接受。英国大学的评分以考试为基础，加权平时成绩后得出最终结果。

学生成功申请上大学之后，就要开始对即将到来的学习做准备了。很多大学都会在第一年要求国际学生上不同级别的基础语言课程。级别的确定会参考学生开学时的入学考试情况。入学考试是面向所有专业留学生的，题目只会对语言能力进行测试（写作文）。一般来说，国外大学在选课方面给大一新生的选择非常多，会有几十门的基础课程作为备选。有些学校会给学生提供选课建议或帮助其选好课程，也会指派指导老师对学生选课进行推荐和指导。国外大学考虑到部分学生还需要更多时间探索个人喜好以及所擅长科目，因此会给学生非常大的选课自由度，让其开阔眼界，在不同领域进行探索，并找到自己的真正兴趣所在。

国外大学实行的是宽进严出政策。一个大学校园里会包含所有学生所需要的东西——体育馆、商店、餐厅、公共交通、医务室等，所以，学校也期待学生能把所有的精力都投入到大学生活中。因此，对于初到国外学习的中国留学生来说，首先要做到的就是把心态放正，尝试像当地学生一样全身心地投入到大学的学习生活中。刻苦学习的学生在国外大学里其实是很常见的，因为大学在课堂之外的任务是非常繁重的——小组讨论研究、查阅相关书籍、完成作业等的时间每周会在30个小时左右。在期末或部分学校的期中考试前，学校会安排大约为期一周的复习时间。学生可以利用这一周的时间对该学期所学的知识进行复习和讨论。

第一学期的选课很有讲究，建议学生选一门人数不是很多的小课，这样有利于跟教授联络感情并建立良好的关系。教授可以在学业上和未来专业规划上对学生进行指导，一个与自己研究领域相关的教授不仅可以给予学生学科上的指导，还会在申请研究生时为学生写一封帮助极大的推荐信。

国外的大学是没有班级概念的。学生们都是自由选课，在有些课堂中，你可能会看到大一的新生和大四的学生一起上课。每节课的上课地点可能也会不一样，所以学生在选课的时候要充分考虑到教室之间的间隔。例如，两门课程的教室如果相距较远的话，那么在选课时就要避免选两个上课时间段挨得很近的课，因为要考虑到课后教授留作业以及路上的时间等。

中国留学生第一次身处国外大学的课堂时，面对一个新的环境（讲课的是外国教授，周围都是国际学生，加上语言上可能有一些障碍）难免会有紧张和不适的感觉。但是，国外课堂与国内课堂在本质上都一样，只是国外课堂多在师生互动形式上有所不同，有的教授会把课堂参与度作为学期最终成绩的一个重要考核标准。国外的教授常常要求学生在课堂上提问，提出自己的观点；教授会把学生分组，进行小组讨论，通过课堂上的活动及互动来了解学生是否听懂了知识点，这也给了学生展示其思考能力的机会。

国外学校在专业选定方面的态度非常开放。尤其是美国，大部分学校不会让学生在一开始就确定专业，而是先让学生学习一些公共科目（涵盖人文、科学、数学、自然等几大领域），之后在大二乃至大三再决定专业方向。学生经过广泛的涉猎以后，可以更加清楚地了解自己的兴趣，开阔眼界以及增强对社会各个方面的理解。尽管一些院校需要在大一时决定专业，但这些院校对于转专业或者双学位的态度也较为开放，只要学生愿意、有足够的理由以及达到标准的成绩，就可以向学校的相关部门申请专业调整。在专业选择上，这些院校的学生可以根据以后的工作规划来选定专业。对中国留学生而言，如果有意愿毕业后留在美国继续发展，则可以考虑选择STEM专业（science科学、technology技术、engineering工程、mathematics数学），这些专业在毕业后找工作以及工作签证申请方面都具有一定的优势。不同专业的薪资水平可参考附录二中的“2017 Payscale 美国高校毕业生就业情况和薪资排名”。

到了大二或大三，学生开始选择专业课进行系统化学习。专业课占总课程的1/3左右，学校也会安排针对专业课选课的指导老师对学生进行选课辅导。一般来说，国外的大学教育非常注重学生的知识广度，会让每个学生都对人文、社会、自然等非本专业的领域有所了解，同时也让学生对更多的学科保留兴趣，使学生在申请研究生的时候能够有更多的选择。

在学习之外，国外大学还鼓励学生参加各种社会活动。丰富的社会活动经历不仅对融入当地的文化有帮助，还对以后的研究生申请有加分作用。国外大学不但喜欢成绩优异的学生，还十分看重学生的态度、综合素质、社会实践经历、兴趣爱好等方面。另外，大多数学校会为学生提供在校园工作的机会：学生可以在学校内的食堂、图书馆、体育馆等处获得勤工俭学的机会；留学生还可以在学校申请助教和协助宿管的职位，大多数学校会给予其学费减免或者住宿费减免的奖励，有些学校还会提供工资或其他形式的补助。

在大三的下半学期，大约有60%的中国学生会选择申请研究生，其余的则会选择就业或回国。与国内本科学生申请国外大学研究生课程的要求一样，国外大学对于研究生的申请者主要在5个项目上进行考察：语言成绩、GRE/GMAT成绩（部分国家和学校不强制要求）、大学时的GPA、个人陈述和推荐信。

3. 研究生阶段

申请到研究生之后，学生又会面临新的挑战。国外的研究生课程设置比国内的更为紧凑，相对地，学生的学习强度和压力也会更大。

国外的学生很多都是非常努力的，在选课比较自由的学校，学生们一般会为了尽早修满学分毕业而选择满负荷的课程安排。另外，国外的教育从中学到大学始终提倡“平时和期末同等重要”的理念。在GPA的计算中，平时成绩、期中成绩和期末成绩会按照一定的权重影响学生课程的最终成绩。而对于作业环节，国外的教授习惯于给学生足够的空间和机会进行自我探索，每节课后十几篇阅读材料并不罕见。一般来说，一门课的学分值直接代表了这门课的课业量和难度。

在平时作业上，以论文、习题集及课堂展示为主的作业形式往往需要学生花费大量的课余时间来完成。国外的教授通常会在课后布置大量的作业来帮助学生巩固所学的知识，有些老师还会在课余时间设置专门的辅导课来为学生讲解课后留的作业或者习题。此外，课堂展示及论文也是作业的主要形式。通过课堂展示和论文，学生不仅可以对本课程的知识有更深入的了解，还可以培养自主学习能力及学术能力。

此外，国外非常注重对团队精神的培养，作业和上课讨论等活动通常会以小组的方式进行。在课堂上，老师经常要求小组成员在短时间内完成对一个主题的讨论，并在规定时间内进行展示。在课后，老师也会要求学生以小组形式完成论文及习题等作业，这不仅培养了学生的团队合作能力，也能增强其沟通能力。

二、平日学业繁重，周末相对放松的海外学习生活

平时学生以上课和自习为主，年级越高，上课的时间越短，自主支配的时间则越长。每天的学习需要学生花费大约10个小时的时间。除去必要的睡眠以及吃饭等日常活动，学生平均每天仅有两个小时能够作为自由时间去参加休闲娱乐活动，如图4-2所示。

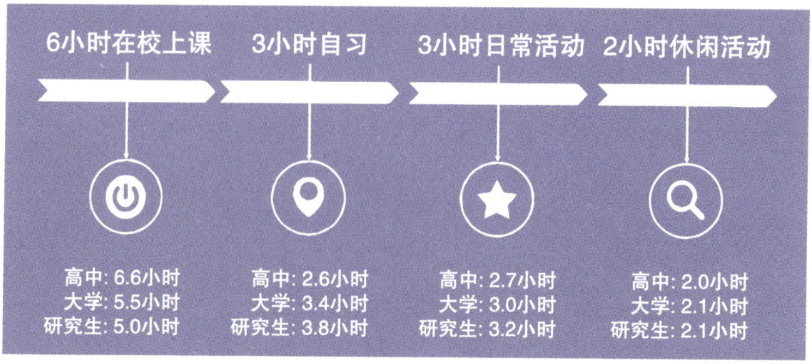

图4-2　上课日时间分配

资料来源：2017年海外留学生调研，共采集1 025份样本。

周末，学生比平时有更多的时间补充睡眠。经过了一周的繁忙学习，学生们也希望利用周末多放松、多休息。当然，学生在周末也并没有放弃学习，通常也要花3个小时的时间巩固上课内容，或者做更多的拓展阅读和练习。相对于平时，学生在周末有更多的时间参与自己喜爱的活动，如图4–3所示。总体来说，留学生在紧张的学习之余，也可以选择性地进行放松，但是依然需要时刻保持进取心。

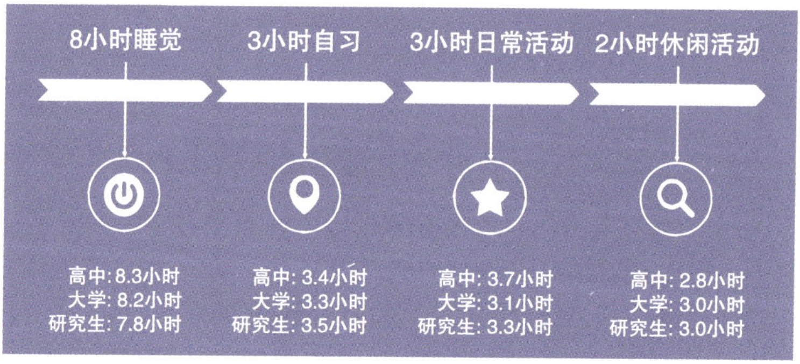

图4–3　周末时间分配

资料来源：2017年海外留学生调研，共采集1 025份样本。

聆听留学心声

在美国工作的Jack关于主动沟通的一点分享

扫二维码获取音频资料 ▶

第二节　留学生活篇

一、留学海外，越大越独立

从表4-1中可以看出，在就读高中及以下阶段的留学生中，出于年龄的考虑，很多家长会选择让孩子住在寄宿家庭或由家人过去陪读；而相对独立一些的学生则会选择住在学校宿舍。对于本科生来说，住学校宿舍则是他们的第一选择，选择住学校宿舍的学生人数过半。而自己在校外租房及和朋友在校外合租则是本科生的第二选择和第三选择，也有不少学生偏向于第一学期先住学校宿舍，等适应了学习生活再找适合的房子以及合租人选。到了研究生阶段，选择自己在校外租房则成为学生的首选。随着年龄的增长，学生越来越独立，也更倾向于在校外租房。

表4-1　不同学习阶段学生的住宿方式

住宿方式	高中及以下	大学本科	研究生及以上
样本基数	183	405	815
住在亲友家	6%	—	2%
家人过来陪读，以家庭为单位租房	12%	1%	1%
住在寄宿家庭	21%	2%	1%
住学校宿舍	30%	55%	23%
和朋友在校外合租	3%	18%	33%
自己在校外租房	18%	24%	39%

资料来源：2017年海外留学生调研，共采集1 025份样本。

二、海外学子热衷团体活动

1. 高中生文体活动参与度高，本科生重视志愿活动

从表4-2中可以看出，对于高中及以下阶段的学生来说，文体活动

是他们参与最多的校园活动，受学校课程安排和文体比赛的影响，学生们更喜欢参与如网球队、篮球队等体育活动，以及如绘画、乐器等文艺类活动。而到了本科阶段，学生们有了更多自由支配的时间和精力，对于世界的认知、好奇心也更重，因此会更多地参与到志愿者活动当中。研究生及以上阶段的学生对各项活动的参与意愿均低于本科生，这与其紧凑的研究生课程设置有关。对于所有年龄段的学生来说，对开学的迎新活动及毕业典礼的参与都会较多，但是由于毕业典礼通常在学业结束后2~3个月后举行，部分同学会由于下一阶段的学习和工作安排等原因而遗憾缺席。

表4-2　不同学习阶段学生参与的学校活动

学校活动	高中及以下	本科	研究生及以上
样本基数	183	405	815
开学的迎新活动（Orientation）	42%	57%	52%
志愿者活动	39%	54%	41%
体育类活动（如网球队、篮球队、啦啦队等）	42%	32%	26%
文艺类活动（如绘画、乐器、舞蹈等）	27%	24%	19%
毕业典礼	52%	55%	44%
学校的各类校友会活动	24%	28%	30%

资料来源：2017年海外留学生调研，共采集1 025份样本。

2. 聚会和旅行是海外学子的重要休闲方式

由于国外生活相对简单，学生喜欢在周末一起聚会、吃饭、聊天，享受休闲时光。从表4–3中可以看出，对于所有年龄段的学生来说，参加同学或朋友组织的家庭聚会及旅行是他们课余时间最主要的活动。聚会文化在国外更为普遍，在国外，留学生非常喜欢在课余时间聚一下——共度一段休闲时光，聊聊学习、生活和“黑科技”都是不错的选择。随着年龄的增长，留学生会越来越主动地参与同学或朋友组织的家庭聚会，对此，研究生及以上阶段的学生最为积极。本科生则是三个年龄段中最热衷去各地旅行的。

一般来说，留学地多为发达国家，这些国家本身就拥有不同于中国的文化和优美的自然风光，留学生们通常会利用假期将留学国家甚至周边国家都畅游一遍。身处国外，便宜的交通费用和更近的距离可以方便留学生们用“脚步丈量世界”。三五好友，一同探索美景、美食和文化，是他们留学之余最为惬意和享受的事情。

表4-3　不同学习阶段学生参与的学校活动

学校活动	高中及以下	本科	研究生及以上
样本基数	183	405	815
老乡会/同乡会	15%	28%	41%
校友聚会	30%	44%	42%
同学或朋友组织的家庭聚会	55%	64%	68%
旅行	58%	67%	64%

资料来源：2017年海外留学生调研，共采集1 025份样本。

三、留学经济负担渐小，其他方面痛点多

1.现象一：留学生在总体经济方面的压力比从前明显减小

不同于20世纪90年代的中国留学生，那时出国留学需要依赖奖学金或打工来赚取学杂费，随着留学家庭经济条件越来越好，现在大部分留学生都是在父母的全额资助下完成国外的学习。学生少有经济上的负担，不需要通过打工、勤工俭学等方式获得收入以完成学业。留学生经济压力状况分布如图4-4所示。

选择送孩子出国留学的家庭大多经济状况良好，家长会给孩子准备较为充足的资金，学生很少需要通过打工的方式赚取学杂费。不过，这并不是否定打工对于学生的意义。打工也是一种学习的过程，在搜索资

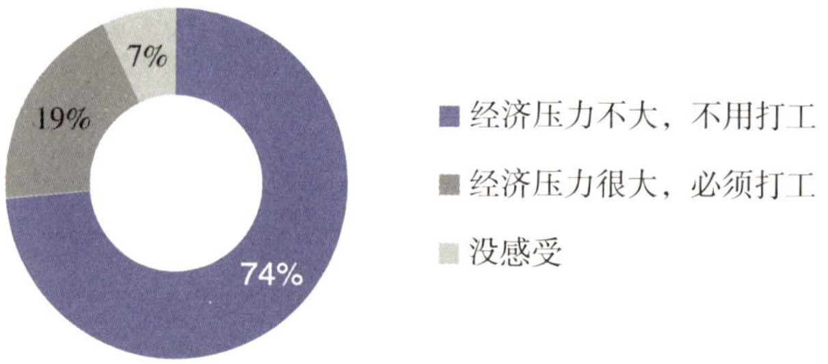

图4–4　留学生经济压力状况分布

资料来源：2017年海外留学生调研，共采集1 025份样本。

料、求职、面试、工作的过程中，学生可以获得实践经历，同时也磨炼了意志，锻炼了自我管理和时间规划的能力。

相比之下，博士生不愿意让父母为自己的学业买单，他们的父母不再定期向其汇款，他们通常利用帮助导师做课题研究或者参加学校研究所/学院工作的方式获得一部分工资，以满足他们的日常开销。也有少部分博士生选择通过短时间打工等方式获得一定的酬劳。

2. 现象二：住宿和餐饮是开销大头

由于大部分留学生都在发达国家留学，当地的整体物价及消费水平偏高，尤其是住宿开销昂贵。

根据调查，留学生每月生活的平均花销约为人民币8 000元，高中及以下阶段的学生由于自理能力还比较差，住宿要求高，花费稍多，平均在人民币12 000元。不过花销多少也与留学的国家、居住的城市以及学校和周边的住宿价格密切相关。

在留学生日常的所有支出中，住宿和餐饮是留学生最主要的花销所在。住宿和餐饮花销相对比较固定，在所有支出中占约60%。不少留学生会通过合租公寓，自己做饭、带饭等方式节约开支。

不同学习阶段学生月花销占比如表4–4所示。

表4-4 不同学习阶段学生月花销占比

项目	总体	高中及以下	本科	研究生及以上
样本基数	1 025	183	405	815
书本及其他学习类	11%	14%	11%	10%
医疗/保险相关	6%	9%	6%	5%
住宿	33%	22%	32%	37%
餐饮	24%	26%	25%	23%
交通	6%	6%	6%	6%
文娱类活动	10%	11%	10%	9%
服饰类	10%	12%	10%	9%
总花费（元）	8 000	12 000	7 500	7 000

资料来源：2017年海外留学生调研，共采集1 025份样本。

3. 现象三：留洋在外，饮食文化差异大

各个国家不同的饮食文化对留学生吃饭造成了一定影响。在国外，经常可以听到留学生们抱怨当地的食物难吃，怀念祖国的各式美食。很多留学生不能习惯单调的西式食物，如炸鸡、汉堡、薯条等，而更想念国内各大菜系的美味佳肴。

由于大部分留学地区的人力成本较高，中餐馆少，餐厅的价格也相对较贵，口味却经常不如国内。留学生外出就餐的时间和金钱成本均较高。

低龄留学生离开家时的年纪偏小，还不会自己做饭，而本科以上的同学经常忙于学业而没有足够的时间自己做饭。没时间/不会做饭与外出就餐贵且难吃的矛盾是留学生面临的一大难题。

4. 现象四：合住矛盾是低龄留学的老大难问题

近些年来，低龄留学发展迅速，留学生出国的阶段逐渐变早。低龄留学生群体正处在性格、人生观和世界观成形的重要时期，面对生活和

学习中的种种问题，低龄留学生如果不具备较强的自我管理能力、沟通能力和自我心理调节能力，留学生活有可能对其自身的成长造成严重的负面影响。

在现实生活中，很多家长都会选择让孩子住在寄宿家庭或学校宿舍里，以期望寄宿家庭、学校老师和同学能在生活上给予照顾和管理。但是，低龄留学生由于心智尚未成熟，对国外文化、生活不适应，可能会与寄宿家庭产生很多矛盾。例如，和寄宿家庭成员相处困难，或者由于在语言及文化方面有所差异而引发不和谐，类似状况非常普遍。由于孩子在家的时候习惯以自我为中心，突然来到寄宿家庭这种特殊的环境中可能得不到之前那种无微不至的照顾，进而产生问题。此时，家长应该通过各种方式做好孩子的思想工作。若孩子觉得寄宿家庭的人很难相处，家长可以告诉孩子如何学习与不同人打交道的经验，有效地与寄宿家庭进行沟通。当发现问题不容易或无法解决时，可以考虑更换寄宿家庭。

除了寄宿家庭外，住在学校宿舍和其他留学生合住也是家长的另外一个选择。合住时，室友可能来自不同国家，有不同的生活习惯。此时，如果低龄留学生的包容性、忍耐力不足，则很容易会产生摩擦或矛盾。总之，对于独自在外的低龄留学生，家长更应该多关注他们的心理健康，为他们在国外的实际困难提前做好准备——心理准备和行为准备，如提前学会做饭或者提升沟通能力。

温馨提示　家长如何引导孩子在新环境中进行人际交往

家长应该引导孩子认识到沟通技能和学会与人打交道的重要性，并认识到出现矛盾的时候，自己也需要反思和调整方法以化解矛盾，而不是一味地责备和要求别人。例如，可以提醒孩子在真正入住宿舍前，先与室友简单沟通，互相了解彼此的生活习惯，以免日后造成矛盾。在适应期的问题上，不同性格的孩子的适应时间也不一样，家长需要和孩子一起保持耐心，共同解决问题。初到陌生的环境、和陌生人相处难免会有诸多不适，家长应该多关注孩子的心理健康，如果发现孩子有自闭、孤僻等心理问题，建议积极关注，时常沟通。另外，家长要首先克服自身“分离焦虑”的情绪，更要避免将这种情绪传递给孩子。有条件的家长也可以选择陪读一段时间，或定期探访。◀

5. 现象五：局限在圈内交友

有些留学生反映出国之后不容易交到好朋友，且没有在国内时交友方便。这主要是由于以下两方面的原因。一方面，留学生只认识学校中的同学，朋友圈子狭窄，也不知道去哪里认识新朋友；同时，学习的课程不固定，一起上课的同学经常轮换。另一方面，由于文化的差异，留学生很难和当地人产生共鸣，聊天话题也局限在学校、学习等方面。

此外，语言也是限制留学生交友的重要原因，由于语言沟通不畅，不熟悉当地文化，听不懂当地的俚语、口音等问题，会使留学生产生挫败感，越来越不敢和外国人交流。久而久之，中国留学生很容易“抱团”，导致圈子窄、信息闭塞，难以融入当地环境。

中国留学生在国外学习和生活，首先要打破自己被动交往的惯性，有意识地主动与他人进行接触，例如，在和老师、同学及校友的交流中，主动打个招呼、发个邮件都是一个好的开始。其实，绝大多数的外国朋友都非常容易沟通，所以，敢于交流是融入国外生活的第一步。另外，像脸书（Facebook）、照片墙（Instagram）等国外常用的社交平台，也是增强融入的好渠道。

6. 现象六：情感缺失引来的生活孤寂感

身处异国他乡，面对不熟悉的环境以及学业方面的压力，加之交流障碍和交友困难等问题，很容易让留学生感到孤独和寂寞。此外，由于时差和距离等原因，留学生和家人及原来的朋友的沟通联系变少，情感无处诉说。和亚洲国家更偏向于群体生活的状态不同，西方国家更偏向于个人主义。因此，初来乍到的留学生，尤其是年纪较小的留学生很容易产生消极的情绪，认为自己无法融入新环境，长此以往，对心理健康、身体健康、生活和学业等方面都会产生不良影响。

可以说，留学就像一场孤单而又绮丽的旅行，一路上既会品尝到酸甜苦涩，也会收获意想不到的成长。

温馨提示　如何快速融入环境结交朋友

家长可以鼓励孩子通过参加运动队、学生联谊会或社团等方式接触更多的朋友，融入当地生活。另外，还可以鼓励孩子做自己感兴趣的事，找到符合自己兴趣爱好的社团，交到与自己有类似爱好的朋友。◀

7. 现象七：语言考试关易，实际沟通则难

语言关是留学生到了国外所面临的重要问题。很多留学生会发现自己出国之后不但要应对生活中的语言问题，还要面对学习或学术研究中的语言问题——经常要写一两万字的英文学术文章，甚至要看几十、上百本的英文学术书籍。课上老师的专业词汇和生活中的俚语，这些常会使新留学生一筹莫展。留学生们虽然能在雅思、托福等考试中取得高分，但在生活中，外国同学过快的语速，以及不同地方的独特方言、口音也增加了沟通的难度，很多留学生感觉在实际交流和学术研究中，无法用语言顺畅地表达。

温馨提示 如何尽早适应语言环境

要想尽快适应当地的语言，留学生在学习语言时就要有自信大胆、肯投入精力、愿意沟通的态度。多找机会去交流，不管是在学校课堂上还是在课余的日常生活中，尽量多听、多读、多看。在学习的过程中体会语言的沟通本质，既不要过分害怕，也不过度追求完美，熟能生巧（practice makes perfect）。在不断运用语言的过程中，逐步去提高自己，多利用上课提问、演讲的机会，勇敢表现自我，敢于说话。◀

8. 现象八：国外安全问题多，自我保护很重要

随着国际恐怖主义的蔓延，越来越多的地区遭受恐怖袭击。近年来，恐怖主义和难民危机的阴霾持续弥漫整个欧洲。另外，国际冲突多发，地区形势恶化，很多原本以安全著称的留学地陷入恐怖威胁之中，而很多国外大城市更是成为恐怖袭击的主要对象。例如，英国伦敦恐怖袭击、法国巴黎恐怖袭击等接连发生。很多知名大学所在的城市也不是非常安全，社会治安存在一定隐患。

近些年，我国出国留学人数仍在持续增长，可与此同时，人们发现留学生在国外失踪、遇害的事件也在增加。据不完全统计，2016年以来，经由媒体公开报道的留学生海外安全事件已有几十起。最近引起社会广泛关注的章莹颖案件就是一个警示：本科毕业于中山大学、硕士毕业于北京大学的章莹颖，于2017年4月到美国伊利诺伊大学厄巴纳香槟分校交流学习，6月9日失联。6月30日，FBI表示相信章莹颖已死亡。这件事引起了当地华人和国内民众的普遍关注，也给留学生的安全问题带来了思考。在出国留学前，家长需要加强对子女的安全教育，增加孩子的安全防范意识——低调慎行，多与伙伴同行，有助于避免被坏人侵犯。

温馨提示 在国外保护自己

建议留学生在到达留学目的地之后，尽早了解当地的治安状况。家长也应了解子女的住所所在地，让子女记录学校的紧急联系电话和联系人、居住地附近的报警电话号码、当地中国使领馆的电话号码等。在手机中设置紧急联系人，当遭遇意外事件时，可及时和这些机构及亲人联系，以寻求帮助。此外，行前的安全教育也十分必要，家长应该让孩子认识到国外环境的危险性，学会在陌生的环境中保护自己。◀

9. 现象九：心理问题需重视

留学生往往孤身一人前往陌生的国家、陌生的城市，接触陌生的人，如果遇到融入障碍、文化障碍甚至是周围同学的排挤，又长期没有合适的方式排解，很容易出现心理问题。家长远在国内，并无法准确、快速地了解孩子在国外的心理变化，所以很多时候，小的心理问题慢慢演变成了心理疾病。留学生的心理问题需要得到正视和重视，家长在国内除了要关心孩子的学习、生活，还应该多和孩子聊聊天、谈谈心，更多地关注孩子的心理变化。

学生霸凌

案例回顾

低龄留学生小明在13岁的时候去英国读中学，受到了非常多的霸凌和歧视，他被欺负、被侮辱，却孤独无助，备受折磨，这些折磨在其内心积累了十几年。在其终于申请到了英国顶尖的大学，就读一年级的第一学期之后，这些积累多年的情绪爆发了，积攒在心里的抑郁也终于显现出来。

案例分析

这个孩子十几岁就开始在国外读书，一直在国外生活并咬牙适应过来，最后虽然上了名牌大学，但积聚的抑郁最终爆发。其实，他在国内就已经积攒了很多年的自卑，并且性格脆弱，到了国外换了一个新环境，全部的情绪就爆发出来了。那些平时看不到的脆弱，在面对新环境的时候，在某个无法适应的时刻，很容易就会爆发，整个人也就崩溃了。

反思

是否能够适应新的社会环境与当地的外部环境有很大关系。不同的国家，对中国人的态度、对外来留学生的态度都是不一样的。例如，许多在英国的留学生反映在当地有人际交往压力，而美国虽然更开放、更平等，但是也有一些留学生反映遇到了歧视。无论在哪个国家，面对新的环境，孩子遇到的主要是价值观的冲击以及人际关系模式的冲击。中国文化的价值观对孩子有很深的影响，初到国外，孩子很有可能会忽略当地社会中存在歧视、霸凌的可能性，也忽略了留学生作为“外来者”的客观事实。这不仅表现为留学生在欧美可能会有一种“二等公民”的感觉，也表现为觉得“那里再好，也不是我的家”，没有归属感，有一种“边缘群体”的感觉。自信力比较强的孩子，对于压力的抵抗能力比较强；而原本内心深处就比较自卑的孩子，面对新环境产生的压力时，就会感受到冲击，慢慢地，可能会越来越自卑，越来越胆小，越来越封闭自己。所以，除了考虑个人本身的因素之外，还要考虑外部环境的因素。

聆听留学心声

在新加坡工作的Yihong关于学习和
活动平衡及语言提升的一点分享

扫二维码获取音频资料 ▶

第三节　留学实习篇

一、为未来就业蓄势，当前机会不多且实习难度较大

1. 以良好的实习经验增加未来求职优势已被留学生所认可

随着求职竞争压力的增加，用人单位越来越关注学生在校期间的实习经历。因此，越来越多的留学生会选择在国内或国外参加实习来丰富他们的背景，更早、更多地接触社会，培养自己的实践能力，调整职业规划，增强竞争力。相对于学制通常只有一两年的研究生而言，本科生可用于参加实习的时间更多，并且对于实习有着更高的积极性和参与度。留学生实习状况如图4-5所示。

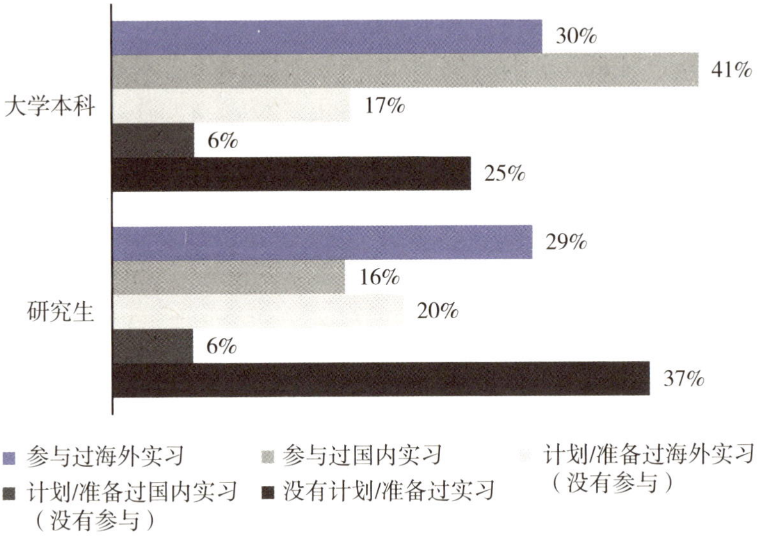

图4-5　留学生实习状况

资料来源：2017年海外留学生调研，共采集1 025份样本。

根据调查显示，在本科生中有接近1/3的学生曾参加过海外实习。此外，和在国外实习相比，利用假期回国的时间参与国内实习的本科生人

数更多，达到41%。而到了研究生阶段，利用假期回国时间参与国内实习的学生仅为16%，甚至37%的研究生没有计划过任何实习活动。造成这一现象的主要原因可能是研究生在校的课时安排紧张，学业压力大，没有足够的精力和时间进行实习。并且，由于研究生课程学制较短，和本科生相比，更多的学生会选择寒暑假时留在国外旅行。此外，研究生在国外的学习时间较短，在陌生的环境中很难找到获取实习信息的途径，也缺乏针对性的面试培训，这也是研究生较少参加实习活动的原因。

2.海外实习不易，多方寻觅不放弃

实习是很多学生接触社会的第一步。通过实习，留学生可以将理论知识运用于实践，也能更广泛地直接接触社会，培养自己的实践能力，了解不同公司的构成和职能，这有可能对将来的职业生涯规划起到至关重要的作用。与此同时，实习可以缩短“学生”身份到“职场人士”之间的差距，为以后走向社会打下坚实的基础。

在国内，若想找到一份实习机会，除了可以通过求职网站、微博和公众号等公共平台，也可以依靠家人或朋友的推荐，而通过推荐会有更高的成功率。此外，在校生也可以与学长、学姐等保持联系，通过他们的推荐找到实习工作。

在海外，留学生需要尝试通过多种信息渠道来获取实习机会，实习的成功率较国内低很多。留学生获得实习信息的渠道主要是学校就业指导中心，或者通过老师发挥纽带作用，寻找校友资源，要经过很多努力才能获得一个心仪的实习机会。此外，各大求职网站也是留学生获取实习信息的渠道。在找到实习机会后，海外求职经常需要通过层层面试，选拔难度较大。现在，不少中介机构及银行也提供对应服务，帮助学生解决这一问题，例如，中信银行推出的实习营就可以为学生提供国内以及海外实习机会。

表4–5　实习信息渠道

项目	参与国内实习	参与海外实习
样本基数	298	360
找学校就业指导中心进行咨询	46%	61%
找老师进行沟通	32%	50%
联系校友资源	53%	54%
在学校论坛寻找机会	8%	39%
和家人朋友进行联系	51%	21%
在网站、论坛寻找机会	8%	9%
和中介机构进行咨询	8%	7%
平均联络渠道数量	2.14	2.43

资料来源：2017年海外留学生调研，共采集1 025份样本。

从表4–5中可以看出，留学生寻找实习机会的渠道多种多样。对于他们来说，找学校的就业指导中心进行咨询是第一选择。很多海外学校都专门设立了为学生就业服务的办公室，为学生提供就业指导，以及发布与企业合作相关的实习或全职项目。除此以外，留学生的人际网络也是寻找海内外实习机会的关键，通过与老师的沟通以及与同学校友联络，往往可以得到许多有用的实习信息，这对初出茅庐的留学生来说都是很好的资源。在假期返回国内的时候，家人和朋友往往也会提供实习信息，通过亲友介绍是留学生寻找国内实习的最主要方法。

3. 国外实习机会稀缺，以良好的心态应对是关键

找实习工作的过程经常会给留学生们带来压力。实习机会少、需要经常面试以及专业的契合度不高是主要的压力来源。在国外，提供给国际学生的实习机会相对于提供给本国学生的要少很多，甚至很多实习的招聘信息中还会明确表示此岗位需要本国国籍。这无疑增加了留学生们的压力。此外，想要获得一份实习可能需要通过层层面试筛选，这也增加了留学生们的压力。另外，专业也是导致压力的重要来源之一，和计

算机等热门专业拥有丰富的实习机会相比，部分专业（如纯文科）的留学生找到实习机会的难度会更大。就算有的同学选择跨专业实习，也会面临在面试中被质疑的情况，从而影响申请的成功率。

4.海外实习同样要面对各种来自企业端的挑战

在实习过程中，留学生们仍然面临着巨大的压力，这主要来源于工作中对个人能力迅速提升的要求和考核压力。在国外很多公司中，实习生都被当作正式员工一样看待，需要实习生像正式员工一样思考，这无疑给实习生的工作增加了挑战性和难度，需要他们在短期内迅速培养自己在工作上的各种能力。此外，实习的工作内容和想象中差距太大，部分实习可能会面对高强度的工作，有些企业在实习过程中还会对实习生进行考核。这些都可能对实习生造成压力。

二、美国实习机会相对多，实习资源分布不均

在参加过海外实习的留学生中，留美学生的比例超过了一半。由于美国是一个移民国家，所以美国企业对不同种族学生的包容度较高，学校与企业界的联系较为紧密，实习机会较多。尤其是对于STEM专业的学生，职位和公司选择多，实习环境、毕业后的就业环境也都相对较好。

近半留美海外实习的学生，为自己将来海外就业奠定了基础。与此情况不同的是，欧洲留学国家的实习机会非常稀缺。在这些国家，学生签证可用于合法打工的时长往往也受到限制，毕业后移民局也很少提供非欧盟国家留学生打工、求职的居留签证，海外用人单位也倾向于雇用本国学生。在多种因素影响下，留学生很难找到与其专业对口的实习工作，而转向含金量较低的兼职工作，或不得不转而寻求回国内实习以获得工作经验。

亚洲国家的情况相对于欧美国家，也有所不同。对于在韩国、日本等国家的留学生来说，适应当地独特的企业文化往往是最难的；而新加坡等华人较多的国家则对留学生较为友好，无论工科还是商科的实习岗位都相对较多，当地以华人为主的社会背景也缩小了文化差距，留学生在那里找到实习机会的概率相对更大一些。

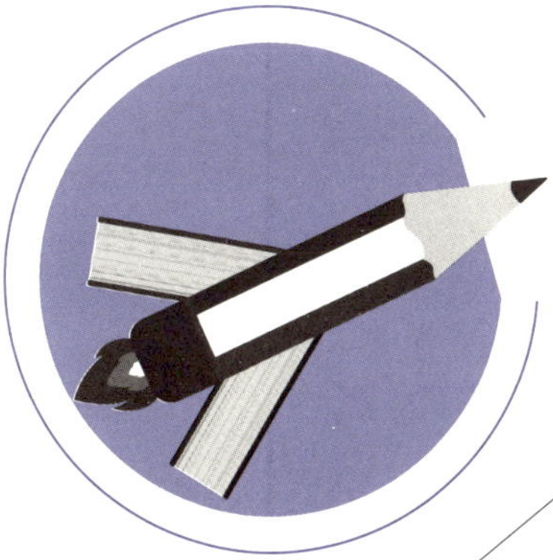

第五章

毕业后去向何方

留学之后的去向是学生和家长都反复思量甚至纠结的一个话题。在国外读书、生活了几年的时间，毕业之后留在国外，能够体验一下国外的工作环境，增加一段国外工作经历；而回国则能够有更多的时间享受亲情，有更多的就业选择。对于学生和家长来说，既要考虑学生自己的意愿，又要考虑家庭情况和就业形势。在调研的尚未工作的学生中，计划回国就业的较选择海外就业的略多；而在已经工作的学生中，计划回国工作的占多数，如表5-1所示。

表5-1　留学生未来职业规划

项目	尚未工作	已经工作
样本基数	693	332
在国内创业	2%	10%
在国内工作	41%	47%
在海外创业	2%	4%
在海外就业	36%	34%
还没决定	19%	5%

资料来源：2017年海外留学生调研，其中对于目前还没有工作的学生，共采集693份样本；对于已经工作的学生，共采集332份样本

第一节　回国就业：深思熟虑后的主动选择

一、留学背景为回国就业加分，优质工作依然竞争激烈

据教育部数据显示，截至2016年年底，我国留学回国人员总数

达265.11万人，留学学成后选择回国发展的留学人员比例由2012年的68.3%增长到2016年的79.4%，达到43.25万人。而从2015年开始，留学归国人员数量增速开始反超当年的出国人员数量增速，这意味着以前选择在国外工作的留学人员也逐渐开始选择回国。其主要原因，一方面，我国经济的平稳高速发展为留学生创造了更多的工作机会，同时新兴行业迅速崛起，国内发展前景甚至超过国外；另一方面则得益于近年来我国人才机制的改善，归国留学生能够充分发挥所长，这也推动了国内对海外人才强大的“人才磁铁”效应的形成。

1. 选择回国发展的理由

随着全球经济一体化趋势的加剧，越来越多的中国本土企业开始与国际接轨，甚至很多国企也都在进行转型，向国际化发展。而中国本土企业想要发展国际化，无疑需要具有国际化视野的专业人才。在“一带一路”倡议的推动下，目前已有100多个国家和国际组织积极响应倡议，40多个国家和国际组织同中国签署了合作协议，在这一趋势下，国内对海归人才的需求只会越来越多。

近年来，我国新兴产业的不断崛起为拥有尖端技术的留学生回国就业提供了更大的动力。目前，我国IT、通信、电子、互联网以及金融行业迅速崛起，人才缺口大，行业发展前景较好。从实际就业情况来说，逐渐走向国际舞台的朝阳行业对于具有全球化视野的高素养专业人才有着旺盛的需求。因此，拥有国际化背景及专业素养的留学生无疑具有更广阔的发展空间。此外，随着80后、90后逐渐走上社会舞台，他们的社会责任感和家庭责任感也逐渐突出，不少海外学子都表示，想要把自己所学的知识和理念融入祖国的发展中。

部分国家在就业机制上对于留学生的排斥依然存在，它们收紧了对国际学生的工作签证政策，尤其是美国、英国、加拿大等留学大国，这也是留学生选择回国就业的原因之一。以美国为例，近年来美国大幅度削减为引进国外专业技术人员而提供的临时工作签证（H–1B），美国移民局每年发放的H–1B签证名额由19.5万人下降到8.5万人，并且采用随机分配的制度。H–1B签证每年申请人数约为实际名额的3倍左右，而只有6%的中国学生能拿到H–1B签证。外籍员工增多无疑增加了美国本土人员的就业压力，这与特朗普总统提出的“美国工人第一”的口号相矛盾，越来越多的美国企业对招纳外籍员工持观望态度，大量企业都放缓了招纳外籍员工的节奏。为限制技术移民，2012年4月起，英国正式取消了有效期为两年的PSW（post study work）签证，在英国攻读本科、研究生及以上阶段的留学生想要留在英国工作，只有通过申请从事技能性工作的T2（tier 2 general visa）工作签证，此举大大减小了毕业生留在英国就业的概率。

家人也是大部分留学生选择回国的主要原因。亲情无疑是我们生活中最重要的情感诉求，留学生虽然渐渐适应了国外的生活节奏，但却很难产生归属感。据2017全球化智库（CCG）与智联招聘发布的《2017海归就业创业调查报告》显示，现阶段70%的留学生为独生子女，日渐年迈的父母依然是他们内心难以割舍的牵挂，他们更渴望回到父母身边。同时，中外文化差异也给留学生融入国外生活带来了不小的挑战，且这种挑战会一直延续到未来的工作和生活当中。

2.回国发展的担忧与挑战

随着国外高校的“扩招”，海归逐渐失去了精英的标签，海归质量的参差不齐也加速了海归的“去光环化”。同时，近年来“海归潮”的加剧使得海归就业已从“黄金时代”逐步进入“镀金时代”。此时，海归身份更多只是意味着一份海外教育经历，凭一纸文凭就能找到心仪工作的时代早已远去，而真正的光环需要留学生用自己的实际能力来创造。

在留学归国人员中，拥有不可替代的尖端技术的顶级人才，尤其是有资格享受国家和地方人才工程项目资源支持的留学生仍然是极少数。随着国内教育模式的转变，国内高校毕业生的质量也在稳步提升。很多海归与国内985、211高校的毕业生相比，除语言能力外，在技能上短期无法显示出明显竞争优势。同时，留学生在选择专业时的扎堆现象明显，多集中于商科、计算机等，与国内企业的市场需求不够匹配。

从期望值和薪资要求方面来说，前期付出了高额留学成本的海归希望通过高薪迅速赚回自己的学费，因此海归对于薪资的期望相对于国内毕业生来说较高。但是目前，留学生的身份仅能作为招聘的“敲门砖”，并不能带来薪资上的差异。事实上，留学是一种长线教育投资，要以发展的眼光来看待，想要在短期内实现期望中的投入产出比是不太现实的。留学生不要因为留学前期投资过多而产生较大的压力，从而对自己盲目定位——对自己期望值过高必然会导致求职时陷入高不成低不就的困境。

从就业城市来说，北京、上海、广州、深圳这样的等一线城市仍然是海归的主流选择。经济发展迅速的一线城市无疑意味着更为广阔的求职平台和更大的发展空间，对具有国际化视野的专业人才也有着更旺盛的需求。从某种程度上来说，一线城市是海归最理想的选择。但从另一方面来说，国内的名校毕业生也把目光瞄准了这些一线城市，这种供过于求的竞争局势加剧了就业压力。同时，一线城市过高的房价也是留学生就业的一大障碍。《2017海归就业创业调查报告》显示，在海归初次就业的工资分布中，6 000元及以下的占比最大，为44.8%；6 001~

8 000元的占比为22.7%；8 000~10 000元、10 001~20 000元的占比分别为13.0%和13.7%；20 001元及以上的占比仅为5.8%。

缺少实习和工作经验也是许多海归回国就业的阻力。部分留学生在求学期间对未来的发展没有明确而长远的规划，不清楚工作经验在职业生涯中的重要性，仅仅埋头苦读专注于提高GPA和综合素质，这也成为海归回国就业时的一大硬伤。从客观因素上来说，许多留学项目学制短、课程安排较为紧凑，学生需要花费大量的精力来完成学业，无暇参加实习，这也是造成海归缺乏相关经历的主要原因。与国内拥有充足的时间去参加实习的名校本科、硕士毕业生相比，海归在核心竞争力上相对处于劣势。此外，留学生回国时错过校招也是海归就业时所面临的困境之一。一般来说，大多数国内的企业在每年9月开始进行传统校招（秋招），一直持续到11月中下旬。这个阶段进行招聘的企业数量多、职位全。大多数留学生的毕业时间在9月，有的学生因为课程设置不同而在12月毕业，错过了国内就业的黄金时期，而在求学期间抽空回国参加秋招也并不现实。虽然错过秋招的留学生还可以选择第二年2月~4月中旬的春招，但在这一阶段招聘的企业无论在数量上还是在质量上都大打折扣。

3.回国就业压力重重

从调查数据来看，如图5–1所示，留学生选择回国就业时的压力主要来源于工作机会较少和不熟悉面试方式，占比分别为62%和46%。此外，专业符合程度也是影响留学生回国就业的重要因素。留学生在出国时的专业扎堆，多选择商科，选择实操性专业及工科专业的相对较少，这也使得许多留学生在就业时专业匹配度不高。留学生及家长在出国前，需要尽早了解国内外就业市场的需求，结合学生自己的兴趣及优势，提前规划专业选择。

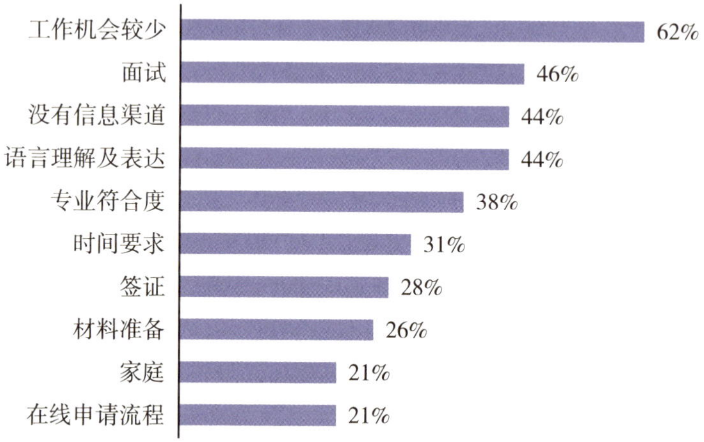

图 5-1　海归找工作压力来源

资料来源：2017年海外留学生调研，计划回国就业/创业人群（尚未工作），共采集298份样本。

海归工作的压力来源如图5-2所示。在实际工作中，回国就业的海归普遍表示不能在工作中充分展现个人技能，以及工作收入与心理预期有较大差距。留学生感到在国外所学的知识和技能并不能被充分地运用到工作中，个人价值没有得到充分的展现。并且，就业竞争加剧压缩了薪资上涨的空间，大部分海归的实际薪资与其心理预期并不相符。

此外，国内一线城市处于变革及发展期，快节奏、高工作强度也是海归回国就业后压力的主要来源。在适应节奏的同时，海归也要适应从学生到从业者身份的转换——工作内容与工作职责直接挂钩，在国内的工作节奏下，每个人承担的工作内容与责任更大。

海归可以通过发挥自己的创新意识、主动性及执行力，积极适应工作中的问题，并做出改善。

从整体上看，海归就业时的压力主要在于理想与现实的差异。从留学生的行业规划来看，留学生整体上更倾向于选择北京、上海、广州、深圳等一线城市，随着各地经济的迅速发展，二三线城市的增长空间与生活节奏也给留学生带来了一些新的选择，留学生学成归国后对二三线城市的选择也逐渐升温。

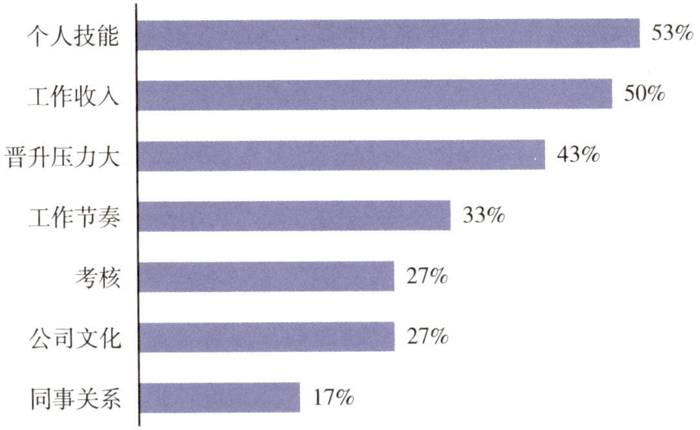

图5-2 海归工作压力的来源

资料来源：2017年海外留学生调研，回国就业/创业人群（已经工作），共采集186份样本。

二、去向明确，年轻一代看好国内创业

2015年之后，创业者中海归的比例也有逐渐扩大的趋势。为响应2014年掀起的“大众创业，万众创新”的创业浪潮的号召，国家推出的许多创业支持政策均进入落地实施阶段，由此涌现出越来越多的创业园区和创业孵化基地，这在很大程度上吸引了海归回国创业。当前，我国“一带一路”建设如火如荼，为中外沟通构筑了桥梁，其中也蕴含了巨大的创新、创业机遇。海归创业者把国外各种先进技术带回国内，推动国内创新型企业及转型期企业的发展。国内创业发展前景良好，能够通过努力实现自身价值，这是海归选择回国创业的主要原因。

结合国内外的生活经历，海归创业者更能精准地把握中外商业模式的精髓，借鉴国外创业的优势项目，发现国内相关产业的空白，从而寻找创业机会。海归不仅具有国际化的视野，更拥有全球化的人脉网络，容易在众多的创业者中占得先机。此外，海归洞悉西方的商业模式，这也在一定程度上成为海归创业的优势。

从海归创业的城市选择来看，呈现出“一线城市为主导，二线特色城市快速崛起”的基本特征。《2017 中国海归就业创业调查报告》显示，海归创业城市的选择集中在北京、上海、成都、广州、武汉这五个城市，占据了创业城市的一半左右。其中，北京、上海等一线城市经济发展迅速且对多元文化的包容性更强，创业机会更多，同时，地方政府对于创业项目的支持力度也更大，吸引了众多海归创业者的目光。此外，西安、成都、武汉等二线城市生活压力较小且经济发展速度较快，对海归创业者的吸引力也逐渐显现。在创业方向的选择方面，传统行业和互联网行业的结合，以及媒体创意、高端医疗、教育都是海归创业的热门选择。海归创业的压力主要来源于资金及运营成本，对国内市场环境了解程度，与创业政策的匹配度，以及对整体行业政策的熟悉度。在项目运行初期，海归要主动地了解国内的市场环境，判断自己的项目是否适合，在进行商业及文化融合的同时提升主动性和执行力。

聆听留学心声

回国创业的王聪关于留学与创业的一点分享

扫二维码获取音频资料 ▶

第二节 留在国外：眼泪与微笑并存

一、工作之路并非一路平坦，工作机会少，工作压力大

1. 在海外就业的选择优势

中国近十年的飞速发展吸引了大量留学生主动选择回国，然而不可否认，依然有不少留学生选择留在海外就业。更高的薪资和良好的工作

环境无疑是国外企业吸引留学生的主要原因，也有一部分学生希望先在国外积累一定的工作经验，从而在回国就业时让自己在众多的竞争者中脱颖而出。

（1）海外工作经验价值高

随着中国迎来近年来的最大“海归潮”，留学生回国就业的竞争愈发激烈。实际上，国内对于海归的市场需求并未饱和，许多企业对于具有国际化视野的专业人才依然求贤若渴。在近年来的海归中，有80%是“裸归”，即在国外留学后除了毕业文凭，没有任何国外实习、工作经历。其中有些留学生是在国外就读学制为一两年的短期留学项目，毕业后拿着一纸文凭回国就业的留学“速成生”——顶着海归的光环而能力却实难相符。大部分“速成”海归与国内知名院校的毕业生相比，并无明显优势。

在选择回国就业的海归中，有无工作经验几乎是海归就业的一条分水岭。企业更加青睐具有工作经验的海归，希望海归通过自己的真才实学、国外工作经验、对中外文化精髓的理解为企业注入新鲜的血液，从而创造更多的商业价值。此外，近年来国家和各地政府相继出台政策鼓励留学人员回国，而其中大部分政策都对有海外工作经验的留学人才有所倾斜。以中国教育部出台的《关于进一步加强引进海外优秀留学人才工作的若干意见》为例，将海外优秀留学人才作为重点引进对象，而他们身上统一的标签就是具有良好的留学背景、国外的工作经验和国际化的眼光。他们中的大多数都能带着项目或者专利回来，有一定的工作经验，回国后能较快找到合适的职位或者进行自主创业，为国家做贡献。表面上看，有无海外工作经验只是“年薪相差十万”的区别，而这背后是能力的提升与经历的积累。这种差别首先体现在语言能力方面，海外工作无疑对留学生的语言水平提出了更高的要求，如何准确地表达出自己的想法以及与人沟通都是对留学生的一大挑战，而这种跨文化沟通能力恰好是许多国内企业所需要的。此外，海外工作经验还意味着工作能力的提升，包括专业技能、执行力、规划力等。

（2）更高的薪资，更好的工作环境

在国外的许多发达国家，其薪资水平较高，且大部分国家的本科生、硕士生和博士生都有固定的起薪标准。国外较高的年薪有利于留学生快速积累财富，对于前期付出了高额教育投资的留学生来说无疑具有很大的吸引力。同时，优厚的福利政策也是许多发达国家的就业优势，通常企业会为员工提供养老金和覆盖范围极广的私人医疗保险，以及提供免费看电影、健身、打高尔夫球的会员卡等。

良好的工作环境也是国外企业的优势之一。国外企业通常人际关系简单，上下级职责明确，注重团队合作。此外，发达国家的工作强度比国内相对较小，加班的情况较少。

（3）已经习惯国外的生活

许多留学生在国外求学的过程中逐渐适应了国外的生活节奏，尤其是部分在高中及以下阶段就选择出国的低龄留学生。他们已经适应了国外的思维方式和生活习惯，回国对他们而言意味着要再次适应各种变化，这也是许多留学生选择在国外就业的主要原因。此外，欧美主流留学国家对于多元文化的包容性强，容纳了许多不同文化背景的外籍人员，有多种生活方式可供选择，这无疑也吸引了许多喜爱多元文化的留学生。

2. 在海外就业的挑战

当然，在海外就业并不是无限风光，同时也充满了渗透在工作和生活等各个方面的挑战。

（1）担心文化隔阂

随着海外就业人员职业倾向的转变，长久以来东西方文化的差异造成的文化隔阂成为留学生就业时的主要挑战。早期的海外就业人员主要靠“三把刀”（菜刀、剃头刀、泥瓦刀）谋生，即华人最擅长的厨师、理发和建筑这三种行业。而在海外接受了高等教育的新一代华人则主要从事“三师”（律师、医师、工程师）。新的职业追求无疑带来了新的挑战，不仅要求留学生要有优于当地学生的专业素养，而且要求留学生打破文化隔阂，融入当地的社会环境，这样才能在海外激烈的就业竞争中站稳脚跟。然而，想要融入一个文化背景完全不同的社会并不是一件容易的事情。一些中国留学生由于缺乏对国外文化背景的了解，鲜少与当地人沟通，往往到国外一两个月后就互相“抱团”，只与自己熟悉的人交流。久而久之，不少留学生即使到了毕业时，对国外文化背景的了解依旧很薄弱，这无疑成为留学生在海外就业的主要困扰。此外，文化隔阂在工作中依然存在，许多留学生虽然习惯了西方的教育模式，却仍然无法从根本上以西方人的思维方式思考问题，因此在某些问题的理解上难免会有分歧。

（2）语言沟通能力欠缺

无论对于海外学习还是就业，语言都是最大的障碍之一，许多留学生成绩优秀且专业素质强，却依旧找不到合适的工作，很大程度上都是因为语言不过关。语言学习不仅是掌握学习知识的关键，更有助于留学生在与当地人交流的过程中了解当地的文化背景，结交新的朋友，融入当地社会，从而减少留学过程中的孤独感，增加信心，不断适应新生活。但是，对于一些毕业于短期留学项目的留学生来说，他们仍然习惯使用中式思维的语言表达方式，通常需要花费比当地员工更多的时间来掌握工作中的技能。这也成为留学生求职时的一大劣势。

（3）当地企业对外来移民一代的包容性不足

经济危机爆发以来，海外各国为了维持本土人员的就业率，均收紧了外籍人员的工作签证政策。以美国为例，政府每年提供的H-1B签证锐减为85 000份，且H-1B签证采用抽签随机分配，中签率仅为8.4%。对于许多公司来说，招聘外籍员工仍需承担一定的风险。一旦公司精心培养的外籍员工没有被抽中H-1B签证，公司不仅失去了精挑细选的员工，而且与之相关的一系列的人员调配、日程安排等都会受到不小的影响。同时，抽中H-1B签证也并不意味着万事大吉，还需要经过移民局针对雇主公司是否有资格申请H-1B、雇员是否符合标准、雇佣双方职位需求是否匹配这三个方面进行审核，许多外籍员工因为专业与职位需求不匹配、职责简单没有必要招聘外籍员工、个人陈述不当等原因而导致H-1B签证被拒。所以，每年实际用H-1B签证留下来的留学生远不及8.5万人。另外，美国公司申请H-1B时还需要缴纳一定费用，因此，一些规模较小的公司并不愿意花费这一笔不小的资金来录用需要申请H-1B签证的外籍员工。

（4）工作机会少，压力大

海外就业压力来源如图5-3所示。

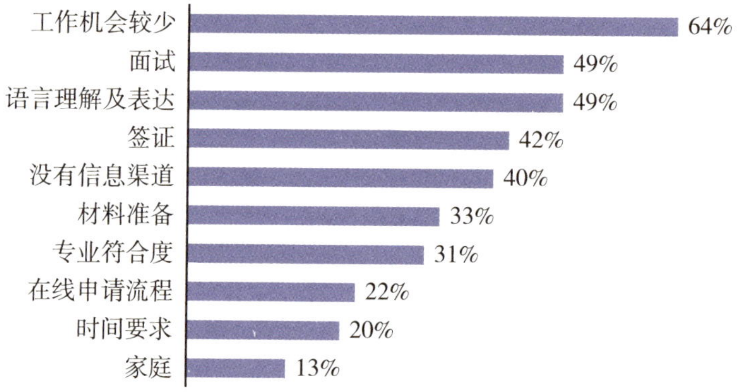

图5-3　海外就业压力来源

资料来源：2017年海外留学生调研，计划海外就业/创业（尚未工作）人群，共采集263份样本。

国外工作机会较少是留学生在海外选择就业时压力的主要来源，占比64%。海外留学生卓越的学历常常与他们在海外的就业前景和未来发展不成正比。尽管在留学期间，留学生会付出多于当地学生的努力，但是，优异的成绩和更高的学历却并不能为他们带来更多的就业机会。国外企业对于留学生的工作预期是留学生能够胜任相对复杂且当地员工不太擅长的工作，以此为企业带来可以预期的收益，因此多以IT类、工程类及理工类工作为主。而企业对这类员工的需求也是有限的，这无疑加剧了留学生海外就业的竞争局势。

同时，面试、语言理解及表达也是留学生海外就业的主要困扰，均占比49%。不熟悉面试流程和所需材料是许多留学生求职失败的主要原因。语言理解及表达是海外留学生就业时的普遍性短板，短暂的留学生活并不能改变留学生长久积累的中式语言表达习惯，而这些习惯在一定程度上也会影响面试时的表现。此外，签证和没有信息渠道也是留学生就业时的困境，分别占比42%和40%。大部分留学生在短暂的留学生涯中没有获得相关的实习经历，缺乏相关的人脉资源，得不到充足的就业信息来源，求职机会自然也就减少了。

留学生海外工作后压力来源如图5-4所示。

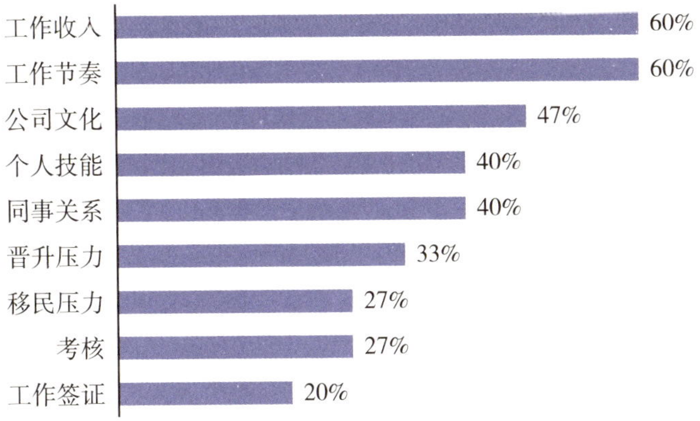

图5-4 海归工作后压力来源

资料来源：2017年海外留学生调研，海外就业/创业（已经工作）人群，共采集126份样本。

留学生在海外工作后的压力主要来源于工作收入和工作节奏，均有60%的学生提及。许多发达国家虽然对不同学历水平的工作人员有相应的起薪标准，但从长远发展来看，许多工作的收入上升幅度不大。由于国外工作方式不同，中国学生在初入职场时难免会感觉不适应工作节奏。同时，公司文化也是留学生海外工作后压力的主要来源，占比47%。

此外，留学生海外工作后的压力还来源于个人技能和同事关系，占比均为40%。留学生在申请工作签证时要经过移民局对于留学专业与工作岗位是否匹配的审核，从表面上看，留学生就业时的工作都与专业相匹配，但这并不意味着留学生能够完全发挥出自己的才能。整体来看，留学生主要从事专业型的技术性工作，十年如一日的工作内容常常让许多才华和能力出众的留学生感觉无用武之地。同时，国外更加注重个人隐私，同事之间的关系仅限于工作关系，鲜少与私人关系重叠，许多中国留学生也并不适应这样的人际关系模式。

一些在海外工作过一段时间的人会感受到“玻璃天花板”（glass ceiling）的晋升压力。玻璃天花板是指在公司、企业和机关团体中对某些群体（如女性、少数族裔）晋升到高级职位或决策层时的潜在限制或障碍。正如玻璃一样，这个障碍虽然不会明文规定，但却实实在在地存在。多数中国人在海外职场上的专业技能及工作能力在同等职务水平中表现较高，从实现价值的角度来看，他们可以多给自己的工作寻找新机会，例如，发挥自己对亚洲市场了解的优势，主动为自己争取一些工作内容；同时，勇于走出自己的舒适区，锻炼自己的社交及沟通能力，不断积累自己的人脉，提升自己影响他人的能力。

二、在国外找工作须早做准备

1. 找工作须早做准备

在许多留学生的传统认知里，留学过程中的顺序应该是努力学习，以优异的成绩毕业，然后在实习签证的有效期内找到工作。事实上，这个想法并不完全正确，在国外就业竞争加剧的情况下，越早准备就意味着越多的机会。大部分留学生对国外校园招聘并不了解，国外企业招聘同样有季节性。以美国为例，秋季校园招聘从每年的9月下旬开始，美国各大公司会派出团队到学校参加校园招聘。美国的财政年是在9月结束，新的一年从10月开始，这时候公司预算充足，职位也会有较大的缺口。随后而来的感恩节前、圣诞节前以及来年初，就是面试的几个高峰期了。春季校园招聘从3月开始，其特点是招聘名额较少且招聘标准也有所提高。许多公司的职位在秋季招聘时就已被填满，招聘标准也水涨船高。而很多不清楚企业招聘情况的留学生，此时依然将全部的精力用于学习，因而错过了秋季和春季的校园招聘。这就意味着他们要和下一届的学生竞争本就为数不多的就业机会，想要找到合适的工作自然机会渺茫。因此，提前了解企业的用人标准，找准人才缺口，利用假期等课余时间参加实习，在学习中有意识地提高相关的能力，才能在就业时拥有更多的选择。

留学生在国外求职更为重要的一点就是摆正心态。大部分留学生在求职过程中都会有遭到拒绝的经历。许多留学生在经历数次拒绝后选择放弃，甚至开始对自己产生怀疑，不再尝试，他们在选择放弃的同时也就等于拒绝了其他的工作机会。事实上，一次的失败并不意味着机会的大门永远对你关闭，留学生应当在进行理性的分析之后再次投出更多简历，这样才能增加成功的概率。如果再次失败，就再次总结求职经验，为下一次面试做更加充分的准备。

2.海外就业实习准备

如图5-5所示，留学生选择海外就业进行实习时所做的准备与国内并无较大差异，同样以联系校友资源和找学校的就业指导中心进行咨询为主，占比分别为65%和50%。一些已经毕业且求职成功的师兄、师姐往往具有求职的第一手资源，而且他们的求职经验对准备就业的留学生来说具有很大的借鉴意义——可以在一定程度上使留学生在求职时避免他们曾经犯过的错。同时，已经工作的师兄、师姐已经拥有一定规模的人脉资源，留学生可以通过他们的帮助而寻得一些实习机会。通常大学会设有就业指导中心，学生可以得到专业讲师针对撰写个人简历、个人陈述、推荐信等方面的培训，从而提高就业的成功率。此外，找老师沟通、和家人朋友进行联系也是许多留学生会做的准备，占比分别为48%和40%。对于求职，老师和父母会有更多的经验，也能给予留学生相应的指导。有了老师和家人的支持，求职之路就不再是留学生一个人走，从而也更加容易获得成功。还有一部分留学生通过在学校论坛和中介机构进行咨询来寻求就业机会，占比分别为40%和15%。

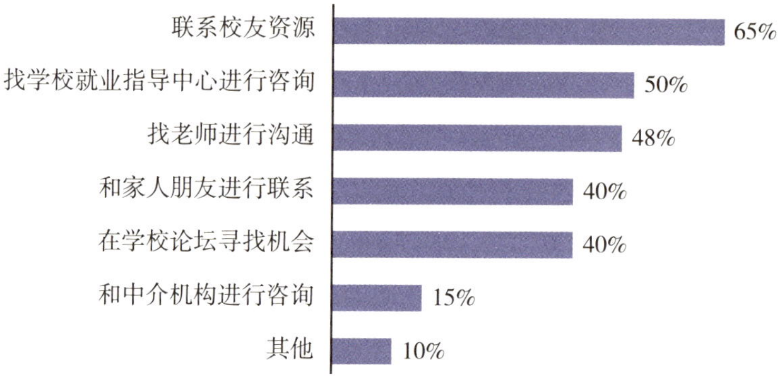

图5-5　海外就业实习准备

资料来源：2017年海外留学生调研，参加/准备海外实习人群，共采集593份样本。

聆听留学心声

在美国工作的Jianda关于找工作及工作签证的一点分享

扫二维码获取音频资料 ▶

第三节　留学实现自我成长

一、留学前迷茫、焦虑，对留学生活充满期待

对于即将离开父母独自踏上一段未知求学旅程的留学生来说，迷茫和焦虑在他们身上体现得更加明显。语言能力欠缺，在文化背景迥异的情况下又缺乏对当地学习和生活习惯的了解，留学生活似乎充满了挑战。但与此同时，留学生也会对即将到来的新生活充满想象和期待，多元的文化、具有挑战性的课程，各种各样的朋友，这些对于具有强烈好奇心的留学生来说，无疑是具有很大吸引力的，如图5–6所示。

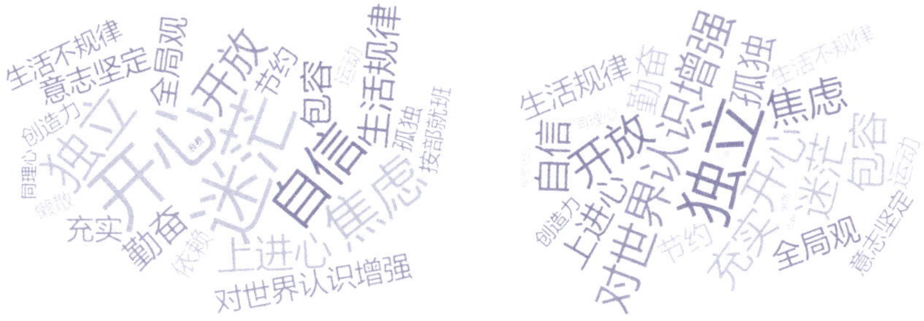

图5–6　留学前和留学中留学生自我描述词云图

资料来源：2017年海外留学生调研，共采集1 025份样本。

二、留学生活充实但缺少归属感

留学生活大多时候是忙碌而充实的，留学生需要花费大量的时间，甚至付出比当地学生更多的努力来完成学业。许多留学生虽然通过了语言考试，但课堂上教授的授课语速和专业词汇满满的英文课本对于留学生来说仍是很大的挑战。由于文化差异，国外的表达方式也会对中国留学生造成不小的困扰。此外，不少留学生选择了学制较短的留学项目，他们的课程安排通常更加紧凑，需要将两年甚至更长时间的课程压缩到一年内完成。学习之余，留学生还要面临另一个大的挑战——对新的生

活环境和文化氛围的融入。“融入”包括双向的输入与输出，既有留学生对国外文化的接纳，也有在国外环境中被认可的安心感。身处异国他乡，总有种“独在异乡为异客”的感觉，亲人不能随时陪伴在身边。留学生活无疑锻炼了学生独立生活和处理问题的能力，在海外环境下留学生之间互相的扶持与帮助也让留学生活增添了不少温暖与感动。

出国留学最大的收获到底是什么？是外语能力的提升，专业课程的进步，还是一纸文凭？其实对于留学亲历者来说，更多的是一种可以独自面对陌生环境的勇气，以及名车、豪宅都无法动摇的每天坐公交车去追求简单梦想的平和心态。

留学后学生的转变更加鲜明和集中，不同的留学经历却给学生带来了同样的成长。而独立、开放、对世界的认识增强无疑是他们身上最鲜明的标签，如图5-7所示。

图5-7　留学后留学生自我描述词云图

资料来源：2017年海外留学生调研，共采集1 025份样本。

三、留学促使独立品格的养成

独立生活是留学生活最大的特点，虽然这个过程不一定很美妙甚至多半充满心酸，但是结果总会让人欣喜。当留学生一个人面对生活中的一切时，或许一开始会恐惧、会感到无助，但逼着自己完成一件件看似琐碎却不得不面对的事情后，他们会突然发现，原来没有父母的帮助自己竟然可以完成这么多的事情——银行开户、寻找家庭医生、与保险公司交涉买保险事宜、与中介机构交涉找房子，等等。随着这些事情的完成，他们心中也生出一份自豪和勇气，也就拥有了一份在世界上的任何角落都能生存下去的自信。

1. 对世界认识增强

在留学过程中，留学生每时每刻都会遇到崭新的事物以及有着不同文化背景的人。而就像会两种语言的人更容易学习第三种语言一样，留学期间不断接触多元文化，会让留学生对文化的接受度更高。因此，留学生对于新环境的适应能力相对其他人也会更强。

2. 开放和包容

国外的生活无处不充斥着多元的文化和不同的生活方式，留学生应当理性地对待，试着去理解和包容这些差异，而不要试图用自己或集体的价值观去左右别人的生活。西方的思维方式更加强调个人在集体中的独立性，对此，留学生应当做到求同存异。

3. 更有全局观

国外的教育模式不仅注重培养学生独立学习的能力，也重视对学生团队合作精神的培养。在留学过程中留学生会有许多的小组作业需要完成，这无疑是对学生团队合作能力的培养，要求学生从集体的角度出发考虑问题。另外，国外一直倡导的批判性思维（critical thinking）也是为了培养学生在信息爆炸时代下的理性判断能力和价值判断能力。从学生个人的角度来说，通过这样的学习，他们会清楚地认识到自己的优势与不足，为未来的发展制订长远的规划。

4. 自信

留学生活给留学生带来的最明显的改变就是变得更加自信，可以说留学缩短了他们和世界的距离。留学生活使留学生见识了多元的文化和不同的生活方式，他们会更加清楚自己擅长什么、喜欢什么，从而更加清楚自己未来的发展方向，少了对未来的迷茫，同时也增加了自信。

总体来看，84%的留学生对自己的留学经历是比较满意的，几乎没有学生后悔留学或者对留学经历非常不满意，如图5-8所示。

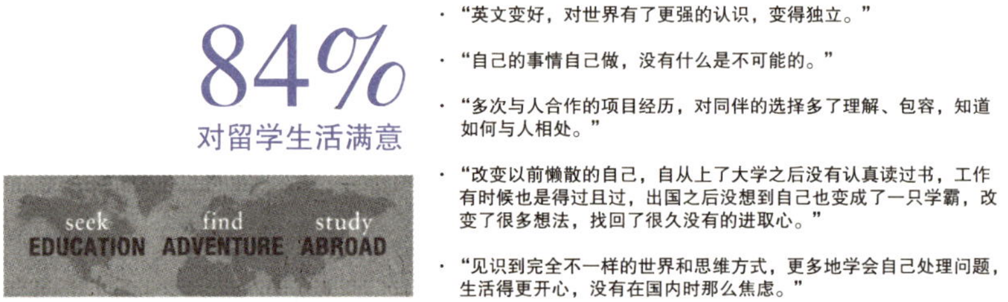

图5-8　留学生对自己留学经历的满意度描述情况

第六章

留学金融服务

出国留学，从萌生想法到行前准备，从签证办理到学费汇款，甚至到留学归来的整个周期，都离不开金融服务的支持。专业全面的留学金融解决方案，不但可以帮助留学生避免耽误时间和行程安排，还可以通过专业顾问的合理规划，实现留学家庭资金效能最大化。

第一节　留学早知道：申请阶段的准备

一、您的资金准备好了吗

对于任何一个普通家庭来说，留学都是一项重要的家庭支出，语言培训、留学中介机构费、申请学校和签证时保证金、留学期间学费和生活费等，都不是小数目。如何把握换汇时机？资金的流动性和收益性到底能否兼得？对于这些，留学家庭都需要专业人士的支持和建议。

在留学申请阶段，银行可以帮助留学家庭进行资金准备、开具存款和资金证明、提供资金规划等方面的服务，利用多种金融工具减少留学家庭资金上的压力、缩短留学资金证明文件的准备时间。

1. 留学贷款

出国留学无论是学杂费、生活费，还是保证金，都将占用大笔的流动资金，如果留学决定做得比较仓促，自有流动资金不足，可向银行申请留学贷款。

银行向有资金需求的留学客户或其家庭成员发放用于支付受教育人在留学期间的学杂费和生活费，或用于满足借款人在申请出国留学过程中所需保证金的人民币贷款，即留学贷款。

根据贷款目的的不同，留学贷款分为提款型和非提款型。提款型留学贷款主要用于支付留学期间的学费、生活费等实际发生的费用，仅适用于质押和抵押担保方式。非提款型留学贷款主要用于留学人员及其关系人向外国使（领）馆申请留学签证时所需的保证资金，贷款期间贷款资金处于冻结状态，借款人不得提取，适用于抵押、质押、信用、保证的担保方式。

留学生也可用自有或父母房产抵押，向中信银行申请住房抵押综合授信额度。额度项下的贷款可用于支付留学学费或海外生活费。

2. 资金证明

资金证明相关材料是学生申请自费出国留学的必备材料，它能够证明申请学生或其家庭有足够的资金，用于支付其在海外留学的某一段时期内所必需的学习、生活等费用。

（1）存款证明

个人存款证明是指银行为存款人出具证明，证明存款人在当前某个时点的存款余额或某个时期的存款发生额，以及证明存款人在该行有在以后某个时点前不可动用的存款余额。

表 6-1 中以本科申请为主，列出了各主要留学国家及地区存款证明的保证金及存期要求。各个国家和地区受当年签证政策、学生申请阶段及学校要求等因素的影响，其保证金金额和存期要求会有所波动。

表6-1 各主要留学国家及地区留学保证金总结

保证金			
国家及地区	申请阶段	签证	存期
美国	40万~50万元	80万~120万元	6个月以上，建议一年以覆盖整个周期
英国	无	30万~50万元	28天起，建议3个月，以覆盖签证申请周期
加拿大	无	80万~100万元	1年，金额能够覆盖至学业结束，要求提供6个月以上的存款流水，避免一次性大额存入
澳大利亚	无	高中40万~50万元，本科不强制要求，建议20万~30万元	建议3~6个月
新西兰	无	35万~60万元	要求提供6个月以上的存款流水，避免一次性大额存入
中国香港	无	建议20万元	建议3个月以上
欧洲其他国家	无	建议20万元	建议6个月以上
亚洲其他国家及地区	10万~20万元	无	6个月以上

资料来源：留学生反馈整理。

中信银行可为留学家庭提供中英文双语对照的存款证明，使领馆认可度高。凭本人（学生或家长）中信银行的储蓄定期、活期存款在柜台申请开具存款证明，从开具当日起至证明期满这段时间，对该客户的账户实施冻结，到期自动解除冻结，账户恢复使用。存款证明可用于出国申请签证和学校时，将个人信用转化成银行信用，提高签证申请人的信用水平。

（2）留学贷款证明

银行可以根据不同国家留学政策要求，根据客户在本行发放的留学贷款情况开具留学贷款证明，用于证明申请人的资金来源。该留学贷款证明不具有任何经济担保作用。

留学家庭可向中信银行提交相关申请，中信银行根据客户的资信状况为其办理留学贷款业务，提供规范的资信证明文件，便于申请签证。

（3）加拿大GIC账户

自2011年5月3日起，加拿大驻华使领馆宣布，推出为具备良好英语水平的留学申请人简化资金文件的留学新政策，对于符合条件的申请人，可递交由加拿大的参与金融机构出具的有效担保投资证（GIC），以取代原本资金担保所需的相关文件。

加拿大皇家银行是使馆认可出具GIC的金融机构之一，留学家庭可在中信银行预先开立加拿大皇家银行账户，将10 050元加币通过中信银行汇至加拿大皇家银行账户，同时将手续费1 500元人民币通过中信银行汇入加拿大皇家银行指定账户，加拿大皇家银行会在收到手续费和自保金之后出具资金证明文件（GIC Certificate）。

（4）新西兰留学汇款专用账户

为了方便中国公民赴新西兰留学签证的审理，新西兰移民局为中国公民赴新西兰留学提供了另一种证明经济能力的途径。留学生在预签证前，可通过新西兰移民局指定的银行办理留学汇款专用账户，存入对应年限的学费和生活费。在预签证后，银行将对应的首年学费和生活费解冻转入澳新银行，其余部分资金继续冻结。在正式签证后，留学生父母可以通过新西兰留学汇款专户为子女后期的学习和生活汇款，一般每年至少一次。

新西兰留学汇款专用账户一方面简化了留学生签证申请资金证明的手续，解决了留学家庭资金证明存期不足的问题；另一方面，方便了父母了解其子女在新西兰的资金使用情况。

中信银行是新西兰移民局唯一授权办理新西兰留学汇款专用账户的中资银行。

二、您的签证准备好了吗

签证申请是顺利出国的第一步，小小的一页纸让多少人费尽心思。留学签证的办理必须认真细致，稍有疏忽，就有可能导致获签时间延长，影响正常学业，甚至会导致拒签，断送留学之路。

签证是签证签发国在本国或外国公民所持的护照或其他旅行证件上的签注，以表示批准持有者提出进入其国境的申请，也可以说是颁发给他们的一项签注式的证明。常见的签证种类有移民类和非移民类。目前，从各个留学国家来看，准备的材料以及注意事项各有不同，尤以美国签证最为严格，其他国家申请和材料准备要求基本类似。以美国为例，与留学生息息相关的是F1签证，适用于进入合法学校全日制学习的学生。

材料准备：有效期距留学生抵美日期6个月以上的因私护照、符合使馆要求的签证照片、DS-160签证申请表，I-20表格、在中信银行缴纳签证申请费的收据、中英文存款证明、父母在职证明、admission letter（录取信）、study plan（学习计划）、GRE/GMAT/SAT/ACT/托福成绩单原件、中英文成绩单、毕业证、学位证、resume（个人简历）、PS（个人陈述）、在美国学习的课程/学校介绍以及支持性文件（打印版）等。如已确定了导师，可以打印出未来导师的简历，提供推荐信/证明信等以增强说服力；曾经发表在国内外科技学术刊物上的论文详细列表也可以为学生签证的申请加分。签证材料需要体现以下几个方面的内容。

1.以往的学习、工作经验

关于之前学习的学校、专业，工作的公司名称及相关的一些细节，申请者需如实回答并适时主动地出示能够证明自己言论的相关文件。

2. 选择目标国家、目标学校、所学专业的原因

可以从学术氛围、资源、教育水平等方面强调留学目的国的优势，特别是自己所在学校和专业上的特点。

3. 对所学专业的了解程度

针对这类问题，申请者需了解所学专业的课程设计、毕业流程、自己所学专业或者导师最近的研究课题等。如果涉及一些敏感专业，应尽量详细地介绍自己即将开展的课题的“非敏感性”，并积极出示相关证明材料，如导师介绍信、导师的简历以及自己在相关领域的论文等。

4. 所学专业的就业前景

不管冷门专业还是热门专业，申请者都要尽量让签证官看到申请者对于回归就业的信心，尤其需要强调所学专业在中国的发展空间以及潜在的就业方向，比如可以列举需要此专业人才的大公司、政府部门或者学校的名称。

美国签证有使馆面签环节，一般面试很短暂，具体会根据填写的表格进行询问。面签时，签证官主要担心的是：①你去美国会回来吗？②你是不是有其他的意图？如果签证成功，当场会发白条，办理邮寄手续，上收你的护照并在出签后，将护照寄送到申请人所选择的中信银行网点或申请表中填写的邮寄地址。如果拒签，会发拒签信。

中信银行是美国使馆在中国境内唯一指定的办理美国签证代缴费、代传递和护照返还的机构。

其他国家的签证申请，可能有面签环节，例如，英国对于申请Tier 4签证的学生，原则上都需要进行面试，但是否面试由抽签和申请材料决定。对申请材料有疑问（英文水平、材料真伪等）的申请者进行面试的

主要目的是审核学生是否有移民倾向和签证目的是否明确。面试的形式主要是网络视频面试，申请人在递签之后会等待叫号，进入面试房间后，通过耳机、麦克风、电脑与面试官进行远程视频面试。被抽到面试的同学也无须太过紧张，面试问题主要考察学生的学习动机。常见基本问题有：名字、生日、课程的名字、开学日期、为什么选择英国、为什么选择这个学校、为什么选择这个课程、毕业后的规划等。

除了明确要求的文件之外，最后一类支持性文件是很多申请人常常感到疑惑的地方。签证官默认申请前往本国的外国人有移民倾向，申请者提供材料的目的是为了推翻这一预设，所以，申请者的所有准备都应该围绕这一目的展开。由于个人情况不同，申请人应出示的证明材料也各不相同。出示经济、社会、家庭或其他方面对申请者具有约束力的文件，能帮助申请者说服签证官，证明其在目的国学习结束后有意返回中国。下列文件可以帮助签证官评估申请者是否有意返回中国：户口本、家庭关系、家庭收入、家庭社会地位、家庭经济实力（车、房证明）、学业和职业规划等。

温馨提示

签证只是一道基本的门槛，最终能否入境还要看申请者是否能够通过当局设在海关的检查。只要认真准备，签证申请并不难，但是到了入境国的机场之后可能会遭遇细致和长时间的检查。因此，我们建议留学生从申请签证的材料中选择一些重要的内容并随身携带，这样即便遭遇超规格的检查，也有助于快速通关。◀

三、您的账户准备好了吗

出国读书，学费生活费放在哪里呢？飞机落地找银行？排队预约办账户？

目前，国内部分银行可以提供中国居民在境内远程开立海外账户的服务。拥有境外银行账户，可以为留学家庭提供很多便利。一旦账户开启，无论身处何方，都能够实现便捷的全球支付（如留学付费、生活消费等）。

中信银行代开海外账户服务是由中信银行负责代理收集、审查、传递客户开户申请文件，由境外合作银行负责个人账户开立及境外银行服务的业务。客户不出国门即可开立境外账户。中信银行代开海外账户服务优势如图6-1所示。

中信银行与澳大利亚联邦银行、加拿大皇家银行、美国华美银行、中信银行（国际）合作，可为客户开立澳大利亚、加拿大、美国和中国香港账户。

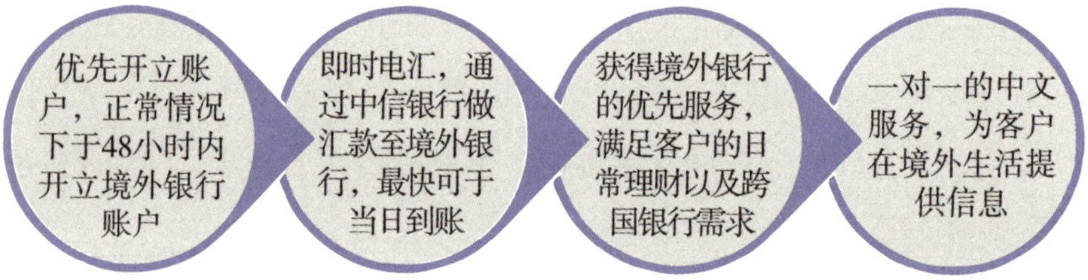

图6-1　中信银行代开海外账户服务优势

第二节　留学有助手，生活添便利

当留学生走出国门，踏上海外求学的道路时，除了迎来丰富多彩的学习生活，同时还要面对新的挑战。丰富的金融产品和增值服务能够为留学生的海外学习生活解决问题，增添便利。

从海外留学生调研的结果来看，留学期间学费和生活费的汇出在留学生的金融产品需求中是极为重要且不可或缺的一部分。留学生使用的金融服务如图6-2所示。

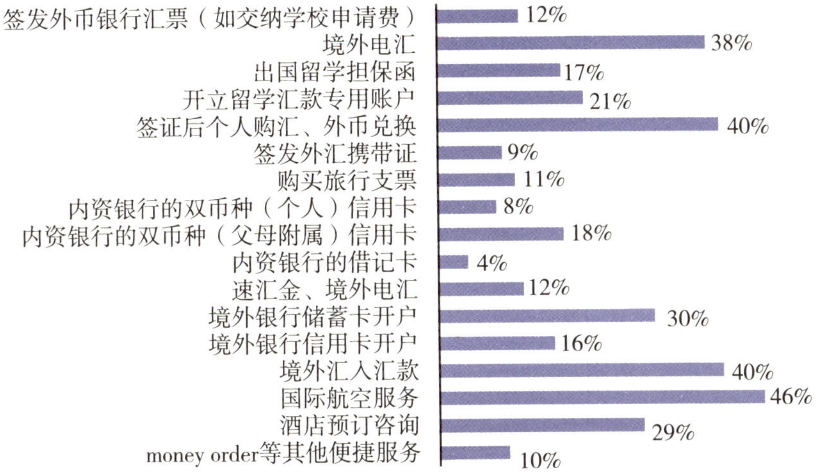

图6–2　留学生使用的金融服务

资料来源：2017年海外留学生调研，共采集1 025份样本。

一、国际汇款，快又准

留学生在外求学的过程中，境外汇款是每个留学家庭不可避免的环节，是必须要用到的金融服务。一般来说留学生家长一年给留学生汇两次学费，生活费的汇款次数因家庭而异，基本按照月、季、半年的周期来汇款。中信银行提供的国际汇款业务一般有两大途径：电汇和国际速汇。

1. 电汇

电汇是跨境汇款最基本和最常用的方式，它是指银行根据汇款人的指令，通过发SWIFT电报的方式，将外币资金汇划到其指定的境外收款人账户的业务。

①优势：安全、到账快、费用便宜。

电汇的费用由汇款行手续费（汇款金额的0.1%左右）、电报费

（80~150元不等）、清算账户行手续费和收款行手续费组成。

②缺点：使用电汇方式汇款，需要提前有国外账户。

目前，中信银行办理美元、港币、日元、英镑、澳大利亚元、加拿大元、新加坡元、欧元、新西兰元等外币的汇入、汇出业务。电汇可以通过银行柜台、个人网银、手机银行等渠道办理，使用电子渠道办理，更可享受费用优惠。

留学家庭在网上银行和手机银行办理电汇，只需填写一次汇款单，银行便会把客户的汇款信息存入系统，如果再次汇款与首次汇款收款人的账户信息相同，系统将自动把联系人信息调出，客户只需要核对，不需要手工填写境外银行名称、地址、swift code、收款人名称、账号等信息。

2. 国际速汇

如果留学生在国外有紧急小额资金需求，家长可以选择国际速汇业务。目前，国内的国际速汇业务有两种：速汇金和西联汇款。

①优势：速度更快、无须预先开立境外银行账户。

②缺点：大额汇款费用高，币种少。目前，汇出币种仅支持美元。

中信银行是国内最早开办速汇金业务的银行。通过与速汇金公司的系统直连，可实现最快10分钟到账。

二、外币兑换，简单便捷

个人外汇业务是留学生在留学中接触最频繁的金融业务之一。个人外汇业务涵盖的产品包括个人购汇、个人结汇以及外汇买卖。多种办理渠道极大地满足了留学生外汇业务的办理需求。

1.个人购汇

个人购汇业务是客户以人民币资金向银行购买外币资金的业务。

留学家庭可以通过中信银行柜台、个人网银和手机银行等全渠道办理包括美元、英镑、欧元、澳大利亚元、日元、加拿大元、新西兰元、新加坡元、瑞士法郎、港币等各种主流币种的个人购汇业务。

温馨提示

目前，境内个人每年便利化购汇额度为等值5万美元。留学生如提供学校录取通知书、学校官方的学费证明材料、学费缴纳通知等有效证明，则用于留学学费、生活费的购汇可不占用本人便利化购汇额度。◀

2.个人结汇

个人结汇业务是指以外汇购买人民币的业务。

3.外汇买卖

外汇买卖是指以一种外币购买另一种外币。

中信银行柜台、网上银行、手机银行、投资平台App可办理个人购汇、结汇和外汇买卖业务。中信投资平台除可办理各类个人外汇业务外，还可实时查询外汇牌价。双币宝可以帮助留学非美国国家的家庭实现以理想的汇率换取留学国家货币，并保证资金收益。

三、资金携带方法多

1.携带现钞

留学生可在银行购汇后，提取现钞随身携带。

温馨提示

根据国家政策规定，携带超过5 000美元或等值外币出境，海关将对《外币携带证》进行核验。如果携带金额在等值5 000美元以上、1万美元（含）以下的外币现钞出境，可以到中信银行网点申请开立《外币携带证》，出境时，海关凭加盖银行印章的《外币携带证》验放。如果携带金额超过等值1万美元的外币现钞出境，需要到外汇管理局开具《外汇携带证明》，海关凭加盖外汇管理局印章的证明文件验放。◀

2. 外币汇票

外币汇票是指国内银行与国外银行签订协议，银行签发外币汇票后，由持票人到国外银行进行解付，国内银行与代理解付银行根据双方事先签订的协议进行资金清算的业务。

3. 银行卡

银联、VISA、MASTER等国际卡组织发行的借记卡和信用卡均可在国外消费和取现，但取现手续费和限额不同。

借记卡境外取现因各个卡组织不同而收费标准及限额各异。以银联和VISA为例，银联卡境外取现每笔手续费15元，每日取款限额为等值1万元人民币，每年取现金额不超过等值10万元人民币；VISA卡每笔取现手续费按照取现金额的1%收取，最低为2美元，每日取现限额为等值1 000美元，每月取现限额为等值5 000美元，每6个月累计取现不得超过等值1万美元。

信用卡境外取现按取现金额的3%收取，最低收费为美元3元、港币30元或欧元3元，同时按照每日3‰~5‰的比率收取利息。信用卡境外取现限额与借记卡基本相同。

四、使馆业务，说走就走

留学生逐渐适应了海外生活后，远在故乡的父母则希望可以与子女相聚。父母们是否还在为沟通障碍和复杂的办理流程所苦恼？

中信银行为留学家庭提供代理使馆业务及“全球签”业务，说走就走，不再苦恼。

1.代收费

中信银行与使馆签约合作，代理收取签证申请费、服务费和增值服务费等费用。申请人可凭本人有效护照等材料到中信银行的营业网点或门户网站（根据与不同使馆的协议约定）办理交费手续，并凭中信银行开具的收据向使领馆申请签证。

2.代传递签证申请材料

“代传递”业务，是指使领馆所在地中信银行分支机构（称传递行）根据使馆有关规定收取签证申请材料后，由专人将签证材料送交使领馆签证部门，并在约定期限内到使领馆取回所交材料后退还申请人的业务。目前中信银行所受理的代传递业务的国家包括美国、新加坡、意大利等。签证代传递业务免去了申请人往返奔波使馆之苦，同时，传递行直接对接使馆，保证了护照等重要身份证件的安全。

3.上门签证服务

中信银行与英国使馆合作推广英国“如意签”上门签证服务。“如意签”是英国使馆推出的为贵宾客户提供上门采集指纹和接受申请材料的移动签证服务。该服务具有预约灵活、上门服务、人数不限、省时省力等特点。

4.中信银行“全球签”

中信银行与美国使领馆自1998年起独家合作19年，获美国、英国、意大利、巴西、南非、新加坡、新西兰、以色列、澳大利亚、希腊10国使馆权威授权，有着丰富的签证经验。中信银行"全球签"，是业内首创线上签证平台，为客户提供覆盖70余个热门国家和地区的签证咨询、翻译、填表、预约、代送、协助购买保险、预订酒店机票、面签指导等服务。留学生家长再也不用因为沟通障碍和各国签证复杂且办理流程不同而对海外旅行望而却步，可以跟随孩子的节奏，用脚步丈量世界，来一场说走就走的旅行。

五、特色信用卡，越刷越省

由于国外整体消费水平比国内要高，加上留学已让留学家庭付出了大量的财力，留学生在海外如何省钱也是极为重要的课题。

如图6-3所示，留学生购物的主要信息渠道以品牌官网和商场官网为主，分别占比66%和50%。品牌官网和商场官网的信息通常及时准确且容易获取，是留学生获取购物信息的最佳渠道。其次为电商平台和微信微博推荐，分别占比42%和38%。作为了解购物信息的新兴渠道，许多留学生在总结了一定的购物经验之后会将其发布到个人的微博和微信平台上，其他留学生可以进行参考。此外，折扣App、团购App等软件也是留学生主要的购物信息渠道，分别占比36%和25%。这些App通常会选择与企业合作，从而提供更为低廉的价格和力度更大的折扣。

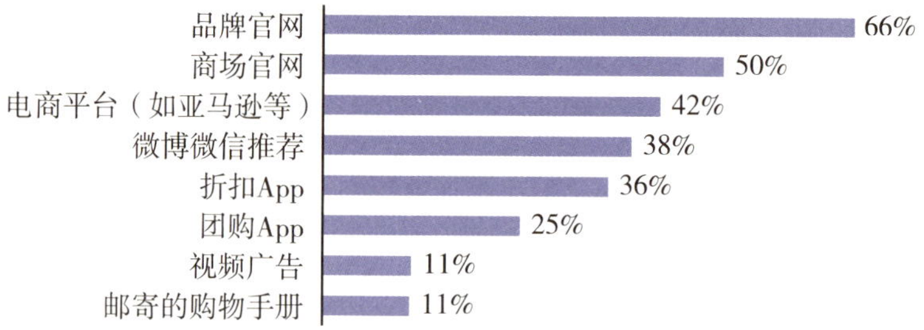

图6-3 留学生海外购物信息渠道

资料来源：2017年海外留学生调研，共采集1 025份样本。

如图6–4所示，留学生的购物渠道与信息渠道一致，以商场和品牌官网为主，占比分别为76%和68%。国外商场和品牌官网经常有促销活动，价格非常优惠。以美国为例，商场在每年的圣诞节、感恩节等主要节日，都有打折力度很大的促销活动，甚至会出现白菜价。另外，商场的新款服装基本上在上市一个半月后就开始打折，此时购买会相对便宜。同时商场和超市经常赠送的各种打折传单和优惠券也可以为留学生节省一笔开支。学会使用信用卡合理安排购物也是消费时必备的技能，通常银行的信用卡刷卡消费有各种各样的折扣和优惠，例如，VISA的购物保护可以在东西买贵了的时候退差价以及延长电子产品的保修期，另外大多数信用卡可以免于支付租车时候的意外保险费用。

留学生的购物渠道还有品牌的独立门店和电商平台，分别占比63%和57%。省去一部分分销成本的独立门户店，价格也相对较低。此外，突破时间和空间限制的电商平台因其相对低廉的价格逐渐成为留学生购物渠道的新宠。电商平台因减少了中间环节而降低了成本，通常会有比商场更多的折扣。同时电商平台提供的商品种类繁多，便于留学生比较和进行购买。

此外，商场官网和折扣村Outlets也是留学生的主要购物渠道，占比分别为51%和50%。折扣村Outlets作为品牌直销购物中心，通常集中了几十家甚至上百家店铺，大部分提供3~7折的特惠价格。虽销售的商品多为名牌过季、下架、断码商品，但商品均优质而价格低廉。

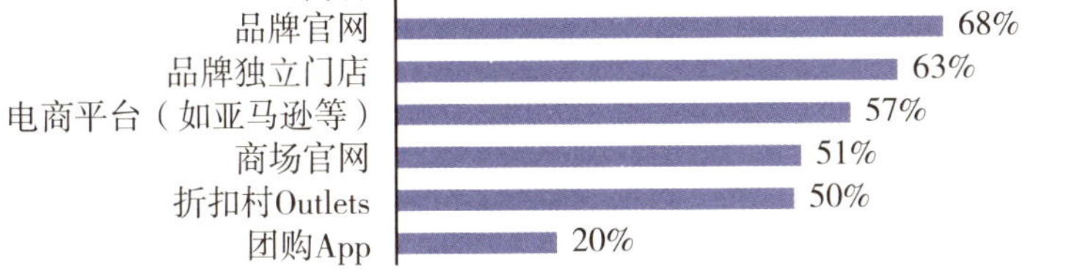

图6–4　留学生海外购物渠道

资料来源：2017年海外留学生调研，共采集1 025份样本。

国际卡组织和国内发卡银行与境外商户合作，为留学生海外消费提供众多便利和优惠，是留学生消费、省钱的好帮手。

以中信银行为例，有多种配有国外权益的信用卡可供留学生选择，如表6–2所示。

表6–2　中信银行多币种信用卡

信用卡境外通用权益	特色权益		
留学生信用卡	VISA signature 全币通信用卡	万事达钛金信用卡	美国运通白金信用卡
（1）安全关怀： ▪ 境外失卡0风险（visa卡专享） ▪ 网上跨境交易0风险 ▪ 境内外交易实时短信通知 ▪ 航空意外伤害保险（白金卡专享） （2）出行关怀： ▪ 航班延误保险 （3）生活关怀： ▪ 子女15岁即可办理附属卡（一般为16岁），父母可灵活调控子女的附属卡额度 ▪ 父母子女同步账单通知 ▪ 学费消费分期	▪ 境外消费返现 ▪ 免1.5%境外货币转换费 ▪ 境外消费3倍积分 ▪ 境外Wi–Fi特权 ▪ 境外酒店优惠 ▪ 海淘退货免运费险 ▪ 航空意外伤害保险 ▪ 航班延误保险 ▪ 盗刷保障险	▪ 境外门店及海淘消费返现 ▪ 美国指定品牌消费返现20% ▪ 全球快速退税 ▪ 免1.5%境外货币转换费 ▪ 境外消费3倍积分 ▪ 喜达屋酒店独家优惠 ▪ 精选国际购物中心优惠 ▪ 航空意外伤害保险 ▪ 航班延误保险 ▪ 盗刷保障险	▪ 免1.5%境外货币转换费 ▪ 全年境外交易6倍积分 ▪ 白金尊贵卡权益 ▪ 全球顶级餐厅、酒店预订 ▪ TopCashback网站 ▪ 专属返现礼遇

注：信用卡权益具体以银行最新活动细则为准。

六、投资平台巧理财

卡里还有准备换汇的人民币，需要实时了解外汇价格；卡里还有美元，如何保值增值，抵御汇率变化的风险；如何让留学资金创造更多的价值……这些都是留学家庭要关注的问题！

定制外币储蓄与理财 家长在为孩子准备留学的前期也都做足了功课，很多提前就兑好了充足的外币。留学生每年所需要的费用是相对固定的，那么对于还未使用的外币资金该如何利用，才能实现资金效能的最大化呢？留学生投资方式如图6–5所示。

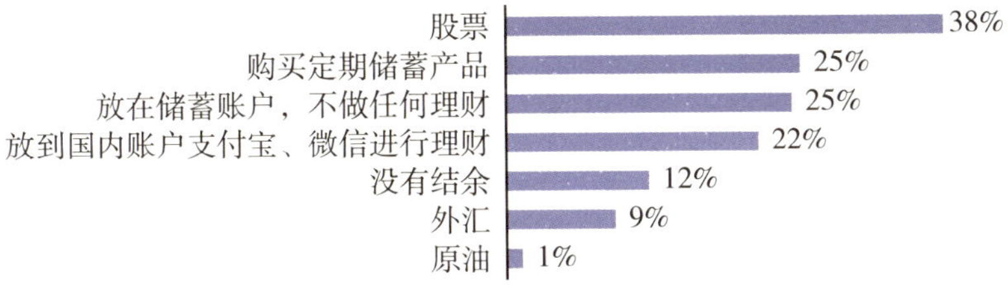

图6–5 留学生投资方式

资料来源：2017年海外留学生调研，共采集1 025份样本。

以中信银行为例，中信投资App可实时查询汇率，每周二，中信银行官方微信的外汇专刊可帮留学家庭了解影响汇率变化的因素，分析外汇走势，把握换汇时机。外币薪金煲随存随取，收益是活期存款的18倍。

中信银行对于符合条件的客户给予差异化外币存款利率定价，针对美元和澳元在基准定期存款利率基础上进行上浮；同时结合留学家庭需求不定期发行外币保本理财，包括美元、澳元、港币等，为留学家庭外币资产提供更多投资选择。

对将来孩子留学目的地国家还犹豫不决的留学生家长也不必担心，即便提前兑换了欧元、英镑等外币为孩子未来留学做准备，中信银行也能够为这部分资产提供配置方案，“双币宝”能够按照客户预期的价格实现货币间的转换，如未达到预期汇率，还可获得外币理财收益，实现兑换投资两不误。

七、全方位增值服务

1. 国际航空服务

本年度样本调查数据显示，国际航空服务在留学家庭的非金融服务需求中位居首位。学生在国外留学的几年时间里，假期回国、父母探亲，要往返国内外数次，甚至数十次。优惠、便利的国际航空服务能够满足留学家庭的需求。

目前，留学家庭购买机票的渠道主要有：航空公司官网、国内旅游垂直媒体，以及国外订票平台等。留学家庭需要综合考虑时间、价格、安全性等因素，决定购买渠道。

中信银行联合南方航空公司推出“特惠机票+境外接机”“特惠机票+酒店+境外接机”的专属优惠产品，留学家庭可登录中信银行官方网站，在南航合作专区领取相关权益。

相关信息分享

中信银行－南方航空尊享权益领取专区 ▶

2. 海外安全保障

近年来，随着留学人数的快速增长，尤其是低龄留学的比例持续提升，留学生在海外的安全问题越来越受到关注。

（1）旅美生活服务平台

作为美国使馆在中国境内唯一授权办理赴美签证业务的机构，中信银行承载了赴美“必经前站”的责任与使命。为了给中国公民赴美提供安全保障，同时为赴美人群提供全方位生活、学习等实用指导和服务，中信银行与中国驻美国大使馆、外交部领事保护中心共同推出“中国赴美公民全方位领事保护公共服务”，包括《中国驻美国大使馆领区手册》、领事“随手拍”系列视频、旅美生活服务平台、24小时呼叫热线四大安心保障，为我国赴美客户打造全方位的旅美生活安全服务。

相关信息分享

旅美生活服务平台二维码 ▶

（2）海外保险

中信银行推出海外学者保障、境外旅游险、全球驾乘险等多款海外保险产品，为留学生的海外生活提供保障，满足留学家庭的个性化需求。

3. EVUS——在线签证更新电子系统服务

对于已经拿到10年期旅游签证的留学家长，在赴美之前还有一件重要的事情，那就是EVUS在线签证信息登记。自2016年11月29日开始，根据美国国土安全部的要求，持有10年期B1/B2、B1、B2签证的中国公民必须登录EVUS（签证更新电子系统）在线登记个人信息，才能顺利入境美国（如图6–6所示）。

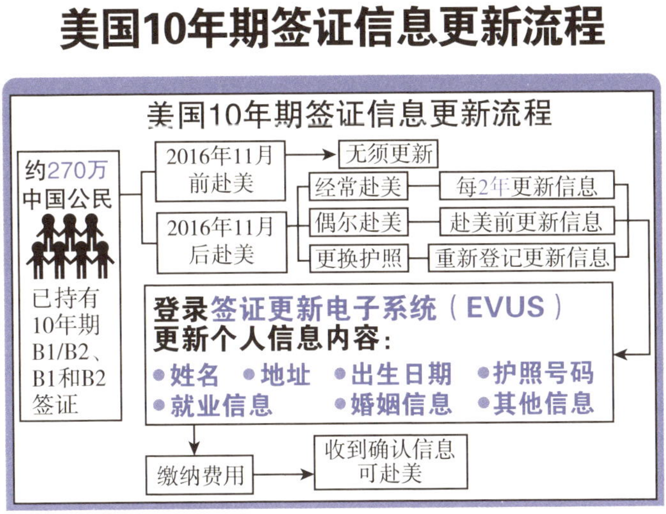

图6–6　EVUS签证系统信息更新流程

中信银行率先获得美国国土安全部授权使用EVUS商标并联合推广。

登记EVUS需要用英文填写5大类76项内容，为了帮助中国公民顺利完成登记，中信银行创新性地开发了EVUS中文填表系统，帮助英文水平有限的赴美公民准确完成EVUS信息登记。

相关信息分享

申请办理EVUS登记二维码 ▶

4. 优惠租车、免费GPS等海外增值服务

无论是与同学伙伴一同自驾出行，还是与父母共赏美丽风光，要全方位畅快领略国外的景色，自驾游是留学生及其家庭喜爱的旅行方式之一。

出国租车小贴士

境外租车所需文件和资格：

- 护照原件，有效的本国驾照原件，至少1年驾龄；
- 年龄21岁或以上（年龄在21~25岁，可能需支付低年龄附加费）；
- 有效的国际驾照，中国公民需提供中国驾照英文翻译/公证书，并与中国驾照同时使用；
- 有效的国际信用卡。◀

中信银行联合领先出境自驾游租车平台，为客户提供免费国际驾照、免费GPS和海外优惠租车服务。

5. 中信英才实习计划与出国训练营

面向广大正在申请国外学校和即将迈出国门的学子，中信银行每年

暑假都将在各个分行所在地举行“出国训练营”活动，通过烹饪、理发、礼仪、防身术等实用技能的培训，帮助留学生更好地适应出国后的生活。

留学生暑期归国期间还可以参加中信银行“英才实习营”，丰富实践的同时还能结识志同道合的小伙伴，让自己的留学生涯更加精彩纷呈。

中信银行联合中信银行（国际）、中信证券、中信建投证券等集团子公司，提供在中国内地和香港的实习机会，并在实习结束后提供实习证明，部分表现卓越的实习生更可获得所在实习单位高管的推荐信。学生通过实习可充分体验金融领域的工作常态、学习金融专业知识、提升自己在金融专业申请或者金融领域求职的综合竞争力。

相关信息分享

中信英才实习计划与出国训练营分享 ▶

第三节　留学后服务

2017年8月，全球化智库（CCG）与智联招聘联合发布了《2017中国海归就业创业调查报告》。1978年至2016年年底，我国各类出国留学人员累计达458.66万人，其中265.11万人在完成学业后选择回国发展，占已完成学业群体比例逾八成。大多数受访者表示，选择回到国内发展是为了方便与家人团聚、看好国内的发展潜力，还有受访者认为回国能更容易获得亲戚、朋友等社会网络的支持。

一、留学生归国金融服务

1.融资支持

留学生在归国后首要解决置业问题，这给其中一部分留学家庭带来了不小的经济压力。同时，越来越多的海归选择创业，融资困难是目前海归创业者遇到的难题之一。“巧妇难为无米之炊”，纵使留学归国人员拥有先进的知识，拥有国际视野、语言优势及跨文化沟通能力的优势，如不能获得足够的资金支持，成功也绝非易事。为了协助海归顺利安家立业，从留学家庭的周期性需求出发，中信银行创新贷款方式，缓解留学家庭融资压力。

留学家庭以核心房产为抵押，可以向中信银行申请综合授信额度（如表6–3所示），额度项下贷款金额可用于消费用途和经营用途，其中消费用途包括合规购买本次综合授信抵押房产（包括住房和商用房）、购车、装修、教育、医疗、旅游、日常消费等。

表6–3　综合授信额度

房屋类型	最大额度
住房	房屋价值的70%
商用房	房屋价值的60%
住房、商用房	房屋价值的20%

个人房产抵押综合授信额度的授信期限最长不超过30年。授信到期日不得晚于抵押房产对应的土地使用权到期日。

除了常规的等额本息和等额本金还款方式，中信银行还推出多种创新还款方式，有效降低客户还款压力，提高资金使用率。

2.结汇及外币理财

留学生学成归国后，留学家庭手中一般都会持有部分结余外汇。或选择结汇，或继续持有，留学家庭根据自身需要，可有不同的选择。

（1）结汇：把握时机，多结多得

如本章第二节所述，个人结汇业务是指以外汇购买人民币业务。由

于国内各家银行结汇汇率不同，留学家庭在不同银行结汇的成本各异。建议留学家庭在选择结汇银行时多方比较，并关注外汇市场，把握最佳换汇时机。

- 中信银行“结汇宝”产品，覆盖美元、欧元、港币、日元、英镑、澳大利亚元、加拿大元、新加坡元、瑞士法郎、新西兰元10大主流币种，线上线下全渠道可办理。
- 中信银行结汇汇率位于同业最优梯队，并不定期开展点差优惠活动，多结多得。
- 中信银行投资交易平台，实施查询外汇牌价，掌握汇率变化。
- 每周外汇市场分析报告，帮助留学家庭更好地了解外汇走势，把握结汇时机。

（2）持有外币：储蓄投资两相宜

如果留学生归国后，留学家庭仍有后续出境需求，或希望多币种投资、规避风险，建议可以在一定时间内继续持有部分外币。

中信银行提供外币存款差异化利率定价，美元、澳元、港币等多币种专属外币理财，中信投资实盘外汇买卖等投资服务，多种投资选择，帮助客户增利。

3.留学生归国就业服务

根据《2017中国海归就业创业调查报告》显示，就业信息咨询、海归政策解读、职业规划、就业推荐是海归人员在回国之前最渴望获得的四项服务，分别占比19.8%、19.8%、19%和18.7%；定向招聘渠道次之，占比15.1%。

中信银行英才实习营活动，整合中信集团内企业资源及优质合作机构资源，为留学生提供实习机会，为留学生成功就业提供支持。

4. 留学家庭全球资产配置服务

有意向在海外长期发展的留学家庭，也会涉及家庭资产配置方案。中信银行作为业内理财起步最早的金融机构，拥有业内最强的财富管理体系和产品。家族信托服务更是高净值客户最重要的财富管理工具，它能够利用信托财产独立性的法律保护，实现财富隔离保全、多代传承的管理目标。

二、中信银行留学金融产品：助力留学之路

出国金融是由中信银行首家推出、针对出国人员和来华外籍人士等提供的一整套安全、快捷、便利的多样化金融服务。三十载历程，十九年相伴，中信银行深耕出国留学服务19年（如图6–7所示），针对客户的不同需求，提供出国留学、旅游探亲、商务出国、移民海外、外籍人士五大系列的一站式服务方案，业务范围包括：签证、出国贷款、外汇结算、跨境汇款、资信证明、全球资产配置等多项业务。

同时，中信银行与优质资源跨界融合，围绕留学周期提供专属增值服务，满足背景提升、海外安全、全球实习等需求，打造线上+线下，金融+非金融的出国金融服务生态圈。

1998年3月
独家推出代收赴美非移民签证申请费业务
独家推出赴美代传递业务
首先推出速汇金业务

2002年4月
首批推出个人购汇业务

2004年6月
独家推出赴意大利代传递业务
独家推出赴新加坡代传递业务

2004年12月
与中信旅游合作独家办理赴日代传递业务

2005年1月
办理赴新西兰留学贷款及出具个人留学贷款资信证明业务
独家推出赴新西兰留学汇款专用账户业务

2008年9月
推出预约开立信银国际美国账户业务

2013年5月
推出代开澳大利亚联邦银行账户业务

2013年9月
推出预约开立信银国际美国账户业务

2014年6月
推出预约开立美国华美银行账户业务
推出赴英增值服务网上付费业务

2014年12月
推出预约开立加拿大皇家银行账户业务
推出预约开立加拿大皇家银行GIC账户业务

2015年6月
推出“全球签”一站式签证办理服务

2015年10月
首届出国金融十佳顾问选拔诞生

2015年11月
全国首发《出国留学中介评价指数白皮书》

2016年1月
推出英国国际学生实习计划

2016年11月
推出EVUS登记服务
《出国留学蓝皮书》出版

2017年4月
推出英国“如意签”签证上门服务

2017年6月
推出旅美生活服务平台

2017年11月
国内首推外币薪金煲产品

图6-7　中信银行出国金融业务发展历程

专 题

专题一　留学考试介绍

一、托福

托福（TOEFL），是由美国教育考试服务中心（Education Testing Service，简称ETS）举办的英语能力考试。绝大部分美国大学和研究生院校都会要求外国留学生在申请时提交符合学校标准的托福成绩。

托福的第一次考试是在1964年，由美国现代语言学会举办。1965年以后，美国教育考试服务中心负责该项考试的后续任务。早期托福采用纸笔测验，后改为电脑测验，最近升级为网考。自创立以来，已经有2 000多万人次参加了托福考试。考试成绩的有效期为两年，过期后需要重新考试。自2005年年末，托福在全球逐步推广网络考试，即IBT。网考首先在美国、加拿大等地进行测试，后于2006年开始在全球推广。

托福考试总时长为3.5~5个小时。考试分为4个部分，包括阅读、听力、口语和写作。每个部分侧重不同的语言技能，但互相之间环环相扣，也会用到其他部分的知识。

1. 阅读

阅读部分有3~4篇文章（其中3篇为主考文章，若加试阅读，则增加1篇加试文章），每篇文章后有12~14道选择题。除去最后一题外，其他题目均为对文章的某一部分进行提问，并且试题的顺序与其考点在文章中出现的位置相吻合。最后一道题会对整篇文章的主旨大意进行提问，考生需要从文章主题、作者意图、段落大意、细节要点、修辞目的等多方面进行分析以得出答案。托福阅读考试的文章均为学术文章，取自大学本科的教科书或学术期刊，不要求考生有相关方面的专业知识，在理解文章的基础上仅从文章中便可推断出正确答案。

2. 听力

听力部分的材料有对话和讨论两种形式，由六段（每段3~5分钟）语音组成。其中两段是以校园为背景的情景对话，另外四段是以课堂为背景的演讲。每段听力中会有两个人，一位是学生，另一位是学生、教授或校园服务人员。整个听力部分大约持续50分钟。问题考查考生对讨论内容、文章大意以及说话人的态度和用意的理解。由于每段对话只播放一遍，考生可以边听边记笔记，有选择性地记录文章重点。

3. 口语

对于口语部分，考生要讲出有关个人的经历和喜好，也需要阅读材料和听短文。考生需要清晰、准确且完整地回答阅读或听力的内容、观点和创作目的。口语部分一共有六道题，两道独立题和四道综合题。前两道独立题要求考生就某一话题根据自己的经历和见解来阐述观点，这两道题为完全主观题，考生只需要尽量以清晰的口语来完成回答。第三和第四道题首先要求考生在45秒内阅读一段短文，然后播放一段与短文内容有关的对话或课堂演讲，考生有30秒的时间来阐述自己的立场并说出合理的原因。第五和第六道题要求考生听一段校园对话或教授在课堂的演讲，有20秒的时间用于整理思路，然后进行60秒的作答。

4. 写作

写作部分一共要写两篇文章，在1个小时内完成。第一篇文章要求考生就一个论点提出自己的看法，推荐字数为300字以上；对于第二篇文章，考生要先读一段文章或听一段录音，随后总结其中的信息，写一篇150~225字的文章。

托福总分为120分，四个部分均以30分为满分。美国本科排名前20位的院校几乎都要求申请者的托福成绩在100分以上。虽然哈佛、耶鲁和普林斯顿这三所学校没有对托福考试的成绩提出最低要求，但因为绝大多数申请者的托福成绩都十分优秀，所以低于100分的学生基本没有竞争力。一般情况下，托福成绩90分为美国本科排名前50位院校的推荐成绩，达到此分数可以看作具有排名前50位院校的基本申请条件。而托福成绩80分为美国本科排名前100位院校的语言成绩要求。

二、雅思

雅思考试（international english language testing system，简称IELTS），是由剑桥大学考试委员会外语考试部、英国文化协会以及IDP教育集团共同管理。它是为打算到英联邦国家学习、工作和定居的人设置的英语水平考试。考生可选择学术类测试（A类，academic）和培训类测试（G类，general training）。该项考试的成绩有效期为两年。

1. 考试形式

雅思考试分为4个部分，包括听力、阅读、写作和口语，一般需要两天的时间完成。在笔试环节中，考生进行听力、阅读、写作三项考试。口语考试不与这三项一起进行，会安排在笔试前后1~2天内。

2. 口语

口语考试是一对一、面对面的口语能力测试，考官均为母语为英语的外国考官。口语考试分为三个部分：第一部分，考官会了解考生有关学习、生活的一些信息；第二部分，考官会从30张左右的话题卡中抽取一张，让考生就该话题进行2分钟的个人观点陈述，陈述之前，考生有1分钟的时间思考并在草稿纸上列出提纲；第三部分，考官会就该话题相关的一些问题与考生展开深入讨论，以考查考生的随机应答能力。整个口语考试总时长一般为14分钟。

3. 听力

听力测验时间为45分钟，分为4个部分，每部分有10道题目。第一部分是日常生活中的对话，考查考生的听力理解能力；第二部分是生活相关的独白，考查考生记录信息的能力；第三部分是基于教育教学热点话题的学术性对话，考查考生理解发言者观点和态度的能力；第四部分为学术论文演讲（如教授授课），考查考生对教授讲课内容的理解和细心记录能力。四个部分的难度逐步增加。

4. 阅读

阅读测验时间为60分钟，共有3篇文章，考生需要回答40道题目，每题1分。阅读文章多来自期刊、报纸等，还包括图表、图画等非文字内容。文章的内容多为本科常见知识，以记叙文、说明文、议论文等文体表现出来。

5. 写作

写作能力测验时间为60分钟，包含两篇作文。第一篇，考生根据图表内的视觉性信息进行描述，文章不得少于150字。第二篇，题目会给出一个具体的看法或议题，考生结合自身经历对题目展开论述，文章不能少于250字。

雅思满分为9分。英国大部分学校的雅思成绩要求为总分（细项成绩平均分）不低于6.5分，单项成绩不低于6分；英国排名前5位的学校要求则更高一些，总分要求为7.0～7.5分，单项成绩不低于6.5分。通常，商科对语言成绩的要求高于其他学科。澳大利亚对雅思成绩的要求较英国稍低，知名大学（如澳大利亚国立大学、墨尔本大学、悉尼大学）均要求6.5分的雅思成绩。

三、SAT

SAT（Scholastic Assessment Test），是由美国大学委员会委托美国教育考试服务中心定期举办的测验，第一次考试于1926年举办。SAT考试主要测验在大学阶段所必需的阅读与写作水平，学生需要凭借SAT成绩申请大学。绝大多数美国大学认可SAT成绩，考试的结果会提供给学生指定的院校。申请本科院校时，每个学生有四个免费的寄送分数名额。

在SAT推理测验中，阅读测试（reading test）、语法测试（writing and language test）、数学测试（math test）为必考科目，写作测试（essay test）为选考科目。

1. 阅读测试

阅读部分考查的是考生如何看待、思考和使用信息。考试题目都是基于文章段落的多选题目。文章中包含数据图、数据表格等，需要学生解读图表中的关键信息，但不涉及运算。阅读部分的文章包含一段美国或世界经典或现代文学著作节选，一段或几段美国成立时的相关文件或《伟大的全球对话》（The Great Global Conversation）文件，一节经济学、心理学、社会学或其他社会科学的内容，两段（或一段一节）科学类文章节选。

2. 语法测试

语法测试考查的是考生发现错误及弱点并进行纠正的能力，而这一能力对考生的大学阶段来说也是极为重要的。

3. 数学测试

数学测试考查的是考生解决问题的能力，包括大学期间的数学、科学或社会科学类的课程问题，以及职业类或日常生活类问题。数学测试涵盖代数、数据分析和高等数学等内容。

4. 写作测试

写作虽然是选考内容，但不少美国大学仍会关注学生的写作成绩。写作测试一般是提供一篇文章，请考生在阅读后用文中的论据来解释作者如何构建一个论点说服听众。

四、ACT

同SAT一样，ACT（American College Test）也是美国大学入学考试的一种，被包括常青藤名校在内的3 000多所美国大学（以中西部和南部的院校居多）所承认。

ACT考试总分为36分，由四个部分构成。全套ACT考试共有215道题，其中英语测试题75道，数学测试题60道，阅读测试题40道，科学测试题40道。考试时间为175分钟。

1. 英语测试

考试时间为45分钟，考查考生书面英语的理解与分析能力，以及考生对于修辞技巧的掌握程度。本部分有5篇文章，75道题。

2. 数学测试

考试时间为60分钟，涵盖美国高中的数学知识，包括代数、几何、统计等方面。数学部分的选择题为5选1，其他部分皆是4选1。

3. 阅读测试

考试时间为35分钟，包含4篇阅读文章，每篇10道题，旨在测试考生的理解、分析和推理能力。阅读文章内容涵盖范围较广，社会科学、自然科学、人文艺术等方面皆有可能会涉及。

4. 科学测试

考试时间为35分钟，包含7篇文章，共40道选择题。此部分考查考生运用图形、表格等方式对科学问题进行处理和推理的能力。

5. 写作

写作部分为选做部分，是考试的最后一部分，要求考生写一篇作文。几乎所有名牌大学都要求提交写作部分的成绩，建议考生加试写作。

SAT和ACT考试同为国外大学的入学考试，很多大学同时认可SAT和ACT考试成绩。这两者间存在着分数换算关系（见专题表1–1），也就是说在学校接受两种成绩的时候，学校对于SAT成绩的要求可以换算成ACT的分值，即具备ACT成绩的考生也满足申请要求。

专题表1–1　SAT与ACT的分数换算

SAT（分）	ACT（分）
1 600	36
1 560	35
1 510	34
1 460	33
1 420	32
1 380	31
1 340	30
1 300	29
1 260	28
1 220	27
1 190	26
1 150	25

五、SSAT

SSAT（Secondary School Admission Test），是美国中学入学考试，相当于国内的中考，适用于美国和加拿大私立中学。SSAT主要通过评判学生的数学、英语和阅读理解能力来考查考生的逻辑思维与发展潜力。SSAT创建于1957年，由位于普林斯顿市的中学入学考试委员会SSATB（Secondary School Admission Test Board）命题，每年约有600 000名考生报考。

美国的法律规定，公立中学只允许接受短期的外国交换生，法定最长时限为一年；公立学校不得接收外国申请者以独立的学生身份在公立学校长期学习。于是，私立中学就成了中国留学生的留学首选，而绝大多数私立中学都对SSAT成绩有要求。所以，一个良好的SSAT成绩也是进入美国优秀的私立中学，乃至日后进入名牌大学的敲门砖。

SSAT考试分为低年级和高年级两个级别，低级别一般针对5~7年级的学生，而高级别一般针对8~11年级的学生。

六、GRE

GRE，全称Graduate Record Examination，中文名称是美国研究生入学考试。适用于除法律专业外所有的研究生院校。它是申请美国前100名大学的必要考试成绩和教授决定是否给予奖学金的重要评定标准。

GRE考试分为三个部分：语文、数学和写作（见专题表1–2）。数学部分对于中国考生来说通常不是问题，难度大概在初高中水平，所以要争取在数学部分拿到满分。语文和写作对于中国学生是难点。语文（verbal）部分考查考生的阅读理解能力及相应的推理能力。在理解文章之前，首先要做到的是读懂文章，这也是对学生词汇量的一个要求。在GRE改革之后，官方减少了对单纯词汇意义的考查，取消了类比和反义题，而更多地考查基于语境的理解能力和复杂逻辑的推理能力。

专题表 1–2 GRE 考试结构

GRE考试结构	题目数量	题目类型	考试时间
语文	25 题	句子填空 类比，选项配对 阅读（一篇长文，一篇短文） 反义词	30 分钟
数学	38 题	两个数比较大小 计算及应用 图表分析推理	45 分钟
写作	2 篇		不超过 90 分钟
考试时长			不超过 4 个小时

1. 语文（verbal）

满分 170 分。语言能力方面的考查将更加注重高级认知能力，力求更为深入且真实地反映考生理解阅读材料并运用推理能力的情况。主要表现在分析一段论述文字时能否推导出结论、识别作者的观点，能否理解语言文字的多层次含义。

2. 数学（math）

满分 170 分。数学部分依然关注和之前相同的数学概念，但是引入更多的生活场景且更突出对考生数字解读能力的考查。主要表现在能否运用算术、代数、几何、概率以及统计学中的基本概念和技能，能否解读并分析量化信息。

3. 写作（analytical writing）

满分 6 分。写作部分考查考生有针对性地对具体考题做出反应的能力，包括：是否清楚有效地阐明了复杂的观点；是否用贴切的事理和事例支撑观点；是否具有能支撑文章的有针对性的连贯讨论。

GRE考试的理论满分应该是170+170+6（分）。由于作文分数一般不计入总分，所以满分为340分。GRE考试的数学和语文部分要求达到满分，并不代表一题都不能做错。根据大量老师和考生的经验总结，数学部分一般错误题数在4题以内都有机会拿到满分，而语文部分满分数据太少，目前估计的容错率可能是1~2题。各个学校、各个专业对申请者的GRE分数都有不同要求，在要求总分以外也会分单项做出不同要求。美国排名前50位的研究生学院要求GRE成绩在310分左右。具体还需要参考学校、专业的要求。

七、GMAT

GMAT（Graduate Management Admission Test），中文名称为研究生管理科学入学考试。它是一项专门用于测试申请商学院的学生能力的标准化考试，重点在于测试应试者在一般商务环境中的理解、分析和表达能力。美国、英国、澳大利亚等国的高校都采用GMAT考试成绩来评估申请者是否适合在商业、经济和管理等专业的研究生阶段学习，以决定是否录取。GMAT考试包括四个部分：分析性写作、综合推理、定量推理和文本逻辑推理（见专题表1–3）。考试形式早期采用书面笔试，但近年来改为使用计算机以方便动态的出题方式进行。

GMAT的分析写作和综合推理都是机考选择题，并根据考生的答题水平做出调节。在定量推理与文本逻辑推理部分的开始，考生会被给予中等难度的问题。如果回答正确，计算机会提高问题难度；反之亦然。这种调节会一直伴随着整个答题过程，直到该部分结束。考生在见到较为难的题目不用感到紧张，这其实是一个好消息，代表着你进入了高分题库。

专题表 1–3 GMAT 考试结构

GMAT考试结构	题目数量	题目类型	考试时间
分析性写作	1篇	论证分析写作	30分钟
综合推理	12题	图表解读 二段式分析 表格分析 多源推理	30分钟
定量推理	37题	数据充分性分析 问题求解	75分钟
文本逻辑推理	41题	阅读理解 批判性推理 句子改错	75分钟
考试时长			3小时30分钟

GMAT总分值为200~800分，为定量推理和文本逻辑推理部分成绩的总和，分析性写作与综合推理部分不计入总成绩。GMAT高分门槛位于700分，美国排名前20位的学校官方要求GMAT在700分以上，排名前50位的学校要求一般在670~680分，但是实际录取分数会根据申请者的情况有一定程度的提高。

专题二 国际学校

一、国际学校概况

狭义的国际学校是指为在本国生活的外国侨民提供母语教育的学校，采用外国侨民母国的教育制度。近年来，随着中等收入及以上家庭的增加，家长愈加青睐具有国际化课程、全英文授课等优势的国际学校。国际学校也发展成更广义的概念——同时可以为本国学生提供采用国外教育模式的学校。一般来说，国际学校提供的是中等或以下程度的教育，包含幼儿园至高中的学习阶段（K12）课程，拥有一定比例的外籍学生，多采用外国学制。

1969年北京巴基斯坦使馆学校进驻中国，成为广泛意义上的第一所国际学校。其设立的目的主要是满足当时为数不多的外籍子女教育需求，仅招收持有外国护照的学生。随后在1973年成立了北京芳草地国际学校，而后于1975年成立了北京第五十五中学国际学生部，国际学校逐渐在我国生根发芽。当时的国际学校基本沿用我国的教学模式，仅在外语类课程比重的设置上有别于普通学校。

20世纪80年代以来，随着改革开放的继续深化，我国经济发展水平的快速增长，大量外资企业涌入中国，吸引了越来越多的外籍人员进入中国就业，某外籍子女的教育需求高涨。同时得益于民办教育的进一步放开，国际学校得到了迅猛发展。其中成立于1980年的北京顺义国际学校成为我国第一所同时接收外籍学生和中国籍学生的国际学校。

2000年以后，随着国民收入水平的不断提高，许多中产家庭在高考之外开始给孩子寻求另一种选择，一些家庭开始让孩子在本科或之前阶段申请出国留学。在这样一个需求背景下，越来越多的民办国际学校和公立学校国际部应运而生，国际学校迎来了高速发展期，其中以民办国际学校和公立学校的国际部为主要的国际学校办学形式，民办国际学校增加133所，公立学校的国际部增加75所。2010年以后，国际学校面临着不断的转型和变革。从增长趋势上来看，仅招收外籍子女的学校增长相对变缓，而年均增长率在40%以上的民办国际学校和公立学校国际部成为主流。尽管目前国际高中的需求日益增长，教育部对公立学校国际部的政策仍有收紧的趋势，北京教委也明确表示不会再审批新的高中中外合作办学项目，民办学校是未来国际高中发展的主流趋势。

中国与全球化智库（CCG）近日发布的《中国国际学校报告蓝皮书（2016）》显示，截至2016年，中国目前有国际学校661所，主要集中在北京、上海、广东，以及浙江、江苏等东部发达地区。从参与调查的309所国际学校的样本数据来看，在学制方面，仅设置高中课程的国际学校有118所，占比最高，为42%；设置初中和高中课程的国际学校占比为14%；此外，有6%的国际学校设置了小学和初中课程；极少数的国际学校仅设置初中课程。

越来越多的家庭选择国际高中，其主要原因是帮助孩子提前适应国外的教学环境，另外国际高中所学课程及成绩在国际上的认可度也为学生之后的申请带来了一定的优势。

其次，国际学校结合了中外教学特点，教育模式相对灵活。不同于普通高中相对固定且以文理来设置课程的教学模式，国际高中通过学科的多样化及多元文化的融合，满足不同特点学生的学习需求。

另外，国际高中拥有一定比例的外教，大多采用英语或双语教学，这种浸入式语言强化及语言课程选择，可以帮助学生更好地实现留学时语言和学习环境的对接。中外结合也是国际学校在课程设置上的一大优势，不仅吸取了许多国家教育体制中的精华课程，也部分保留了我国高中教育阶段的核心课程。

与同阶段直接留学相比，就读国际高中是较为经济的选择，同时也便于家长照顾孩子。国际高中的出现让学生不必经历低龄留学所面临的语言冲击和难以融入国外教学环境的困境，为下一阶段出国留学提供了一个缓冲和过渡期。

二、课程介绍

目前，国际学校的课程体系基本由中方课程、外方课程及语言课程三部分构成，集合东西方教学理念的优势，在学科设置上兼顾文理、注重独立思考能力。课程设置上，目前国内广泛采用的国际课程以来自美国、英国、加拿大、澳大利亚体系的课程为主，还有部分课程实际为海外大学预科或海外学校学分认证类课程，包括AP课程、ACT课程、A Level课程、IGCSE课程、IB课程、加拿大中加课程、澳大利亚VCE课程等。但在这些国际课程中，IB课程、A Level课程和AP课程占主流，如专题表2-1所示。理论上，这三类课程都可以帮助学生申请全球名校，但依据留学目的国的不同会有所侧重。综合来看，AP作为美国大学理事会提供的在高中授课的大学课程，更适合申请美国本科的学生。A Level是英国本土高中课程，由英国剑桥大学考试委员会开办，更适合申请英国本科的学生。而IB课程则是国际文凭组织IBO（International Baccalaureate Organization）为全球学生开设的从幼儿园到大学预科的课程，其成绩在欧美大学均有较高的认可度。

专题表2-1 IB、A Level和AP课程的比较

课程	IB	A Level	AP
学制	2年	2年	不限
课程内容	国际高中课程	英国高中课程	美国大学先修课程
高中学历	是	是	否
课程数量	最低6门	最低3门	不限
每门最高分	7	A	5
课程难度	5星	3星	4星
英语要求	5星	4星	4星
社会实践	有	无	无
兑换学分	美国可以	美国可以	可以
考试时间	5月	5月、11月	5月、11月

下面就四类主流国际课程的优缺点及适合人群进行简要分析。

1.IB课程

IB课程[①]由1968年成立于瑞士日内瓦的国际文凭组织IBO设计和管理。目前全球共有超过4 000所学校开设了IB课程。目前，中国共有

① IB课程官网参考：http：//www.ibo.org/。

115所学校获得IB课程授权，包含22所公立学校国际部及93所私立国际学校。

我们通常所说的IB，主要是指国际预科证书课程（International Baccalaureate Diploma Programme，简称IBDP）。它针对16~19岁的高中生，学制为两年。除IBDP之外，IBO的课程还包括小学课程IBPYP、中学课程IBMYP和职业辅导课程IBCP，如专题图2-1所示。与中国学制相比，IBDP相当于中国的11、12年级，即高二、高三，MYP相当于中国的6~10年级，PYP相当于中国的1~5年级（如专题图2-1所示）。IBCP则是针对16~19岁学生推出的职业教育项目。

IBPYP	IBMYP	IBDP	IBCP
Primary Years Programme	Middle Years Programme	Diploma Programme	Career-related Programme
适应年龄段：3~12岁 课程推出时间：1997年	适应年龄段：11~16岁 课程推出时间：1994年	适应年龄段：16~19岁 课程推出时间：1968年	适应年龄段：16~19岁 课程推出时间：2012年

专题图2-1 IBO课程分类

全球认可度高以及综合性强是IB课程最大的特点。世界各地的IB学生均按照相同的教学大纲学习，参加全球统一考试。学生通过考试后，将获得全球通用的IB国际文凭。超过140个国家的大学都认可IB项目的毕业生。IB及AP考试并非申请北美高校的强制内容，但在申请过程中能够发挥不可替代的作用。作为套餐式的课程，IB课程的综合性较高，是对学生跨学科综合学习能力的认可。近年来，随着中国学生本科留学比例的增长，学习IBDP课题以及参加考试的中国学生的数量也在飞速增长，如专题表2-2所示。

专题表2-2　IBDP学生数量最多的国家

2015年录取IBDP学生最多的国家或地区	2010~2015年间增长率最快的生源国家或地区
美国	阿拉伯联合酋长国
加拿大	秘鲁
英国	中国
荷兰	印度
中国	丹麦

一般而言，当提及IB时，谈论最多的实际是IBDP（大学预科项目）。IBDP项目的课程包括六个学科组，分别是语言与文学、语言习得、个人与社会、科学、数学、艺术。学生必须从每组中各选一门课程来学习，并确定三门高水平课程和三门标准水平课程。此外，学生还需要完成知识理论（theory of knowledge，简称TOK），拓展论文（extended essay，简称EE）和创造、活动与服务（creativity、activity、service，简称CAS）这三项核心课程。

（1）知识理论

用于引导学生认识并反思知识的构建，是一门跨学科课程。TOK老师将和IB各科老师、学生一起，通过授课、研讨等形式，对自然、社会、数学、语言等科学知识中的现象问题进行反思、逻辑推理，并对道德、美学、情感等进行评判分析，使学生重新审视所学的基础学科知识，以培养判断与综合归纳能力，防止主观意识的偏见，增强学生的理性分析和表达能力。学生需完成1 200~1 600字知识理论的英文论文及10分钟的相关英文口头陈述。

（2）拓展论文

促使学生掌握独立研究、论文写作的技巧，要求学生结合所学课程，任选自己感兴趣的学科课程中的某一点知识，在教师的指导下，用9个月的时间从事独立研究，并按照大学学术论文的写作要求撰写4 000字的研究论文，以培养学生的独立思考能力、收集信息的能力和文章的写作能力。

（3）创新、行动和服务

鼓励学生展现自己的创意、参加体育活动并走出课堂为社区服务，培养他们的创新精神、同情心、社会责任感及团队合作精神。

相对来看，IB课程在三类主流国际课程中难度最高，更加适合英语水平优秀且全面发展无偏科情况的学生。相较其他国际课程，IB课程综合性更强，是最具有挑战性的课程，尤其是对英文水平有很高的要求。IB课程虽然单科难度适中，但对于跨学科学习能力也有很高的要求，学生需具备一定的跨学科综合学习能力。

2.A Level课程

剑桥国际A Level（Advanced Level）高中高级学历课程①包括剑桥国际高级附属水准（剑桥国际AS Level）和剑桥国际高级水准（剑桥国际A Level）。它们都是基于科目的资格证书课程，通常在高中的最后两年内进行学习。剑桥国际AS Level课程的学制一般为一年，而剑桥国际A Level一般为两年，在每门课程结束时进行考评。大部分科目可以从剑桥国际AS Level开始学习，然后延伸到剑桥国际A Level。这些课程大纲放眼全球并兼顾本国信息，它们是专门为国际学生制定的，其内容可适应各类学校并避免了文化偏见。课程和试卷中使用的情景或范例充分考虑了国际化情景中的文化差异。

此类资格证书考试始于1951年，由隶属于剑桥大学的剑桥国际考试委员会负责实施。剑桥国际考试委员会是全球最大的5~19岁学生国际化教育课程及认证机构。剑桥国际课程也是最早进入中国的国际课程之一，目前中国已有186所学校采用剑桥国际课程。剑桥国际化课程针对不同

① 剑桥国际课程中国官网参考：http：//www.cie.org.uk/languages/chinese/。

学习阶段开设了不同的课程，具体如专题图2-2所示。

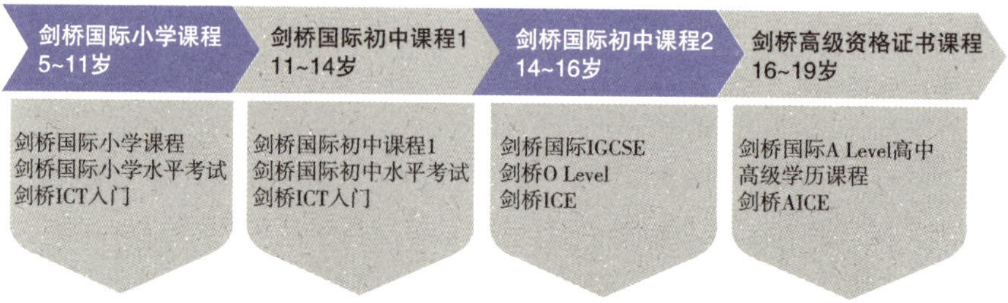

专题图2-2 剑桥国际课程分类

注：年龄范围仅供参考。

不同于IB课程套餐式的课程设置，A Level可以让学生自由选修自己感兴趣且擅长的科目，扬长避短的。剑桥国际AS & A Level课程有50多门科目，且学校可以以几乎任意组合的形式来开设这些课程，学生可自由选择自己喜爱的科目与想要专门研习的科目。学生在选择AS & A Level科目时可以结合下一步攻读的学位课程，有针对性地进行选择，无必修科目的限制。学生通常会学习四门AS Level科目和三门A Level科目。英国大学的标准入学要求是三门A Level成绩。A Level可以让学生自由选修自己感兴趣且擅长的科目，如专题表2-3所示。

专题表2-3 剑桥国际A Level高中科目类别

剑桥国际A Level高中高级学历课程科目类别		
英语 语言 社会科学	数学 人文科学 艺术	科学 技术 通识教育

A Level注重培养学生在下列方面的知识、理解能力和技能：

- 深层次科目内容；
- 独立思考；
- 将知识和理解运用于新的情境和熟悉的情境中；

- 处理和评估不同类型的信息来源；
- 逻辑思维和发表有条理及连贯的论点；
- 做出判断、建议和决策；
- 做出合理解释、理解含义并清楚、合乎逻辑地予以沟通；
- 使用英语进行工作和沟通。

所有的英国大学和几乎所有提供本科教育的澳大利亚大学均认可剑桥国际AS & A Level成绩。A Level课程在申请英语系国家以外诸如美国、加拿大等国的大学时仍有一定程度的影响力。通常情况下，选择A Level课程的学生需要进行1~2年IGCSE课程的学习，无IGCSE课程基础的学生在初中课程与A Level课程的知识衔接上有较大的困难。在中国，很多IB学校在IBDP之前会让学生去学IGCSE课程，一些普通高中的国际部会根据中国的学制把IGCSE压缩为一年，这也是为了让学生更好地衔接A Level课程。

整体来看，A Level课程更适合计划申请英语系大学且数学基础较好的高中生。A Level课程对英语要求较高，其未来发展方向以商科、理科为主。值得注意的是，选择A Level课程的学生即使3~4门科目的成绩都为D，也可以申请一般的海外大学。但这并不意味着A Level课程是学生进入外国大学的保障。对于有志于申请国外一流大学的学生来说，仍然需要付出艰苦的努力。

3.AP课程

AP课程①是美国大学理事会（College Board）为全世界高中提供的一套高水平的学术课程，也是让有能力且积极上进的高中学生能在高中期间有机会学习大学内容的课程。学生通过选修AP课程可以提高其被美国优质大学录取的可能性，即AP课程并非是获取入读美国大学必考的一种入学考试项目，而是在高中GPA成绩、SAT/ACT、托福/雅思等成绩

① AP课程官网参考：https：//apstudent.collegeboard.org/home ？ navId=gf-ap。

基础上的加分项，可以起到锦上添花的作用。学生通过AP考试换取的学分，可以同等换取相应的美国大学学分，从而节省大学阶段的费用和时间，不同的大学折算学分的方法有所区别。

在美国本土，AP课程和高中课程体系紧密结合，一般作为“核心课程—荣誉课程—AP课程”三级课程中最具挑战性的课程供学生选修。由于其设计的科学性和在申请大学时的优越性，AP课程已在全世界116个国家和地区，1 000多所高中普遍开设。目前，中国共有196所学校开设AP课程。AP不是系统的课程，可以单独选择，没有门数要求，所以开设相对容易，大部分公办高中的国际部均开设AP课程。

AP共提供38门课程，不仅涵盖了高中知识，也包含一部分大学一年级课程，因此AP课程的选择性较广。每门AP课程都有相应的AP考试，让学生能展示他们在AP课程学习过程中获得的大学程度的知识和技能。学生参加AP课程的统一考试并达到各大学要求的成绩，即可将AP学分带入大学阶段。AP考试成绩达到3分或以上的学生可以在所有美国及加拿大的大学换取大学学分、优先选课，或二者兼得。AP成绩辅以良好的SAT（或ACT）成绩及托福成绩将大大增加学生进入美国一流大学的机会。值得注意的是，学习AP课程不能替代高中的课程。在中国，学生可以在学习中国普通高中课程的同时额外学习AP课程，凭借中国高中毕业证和AP课程考试成绩，提高申请的成功率。

AP课程更适合未来计划前往美国就读本科的高中生。AP课程单科难度较大，逻辑思维较好的理科生有更大的优势。总体来说，AP课程知识面较宽、知识点密集，因此不仅对学生的概括能力有一定的要求，而且对自学能力也是不小的挑战。

4.加拿大课程

得益于良好的自然环境、安定的社会环境及综合包容的教学体制，加拿大越来越受到中国留学家庭的青睐，在高中及以下阶段的低龄留学选择中尤为突出。目前，中国共有86所学校获得加拿大课程[1]授权。

加拿大共分为10个省和3个地区，各省及地区在课程设置上有较高的自主权，其中不列颠哥伦比亚（BC）省和安大略省教育资源丰富。整体来看，加拿大课程设置灵活多样、难度适中。加拿大课程重点偏向于培养学生的英语能力、逻辑思维能力以及社会活动能力，益于学生快速融入国外的学习和生活。较之于其他国际课程，加拿大课程是一个独立完整的高中课程，对于计划申请加拿大大学的高中生来说，选择目标省或地区的国际课程是一个不错的选择。

三、国际学校的选择

国际学校的选择也是国际课程的选择，而国际课程的选择与未来留学的国家和地区直接相关。不同课程在不同国家及地区的认可程度不同，择校时可根据留学国家及地区的学分及成绩认可度，结合孩子的学习情况选择相应的国际课程。

从近年来看，IB课程的热度不断上升。学习IB课程在上大学后能够很好地适应大学生活。与A Level相比，IB课程的入学标准、对学生学习能力的要求更高一些，IB文凭的含金量也会比A Level更高，更广泛地被世界各地的大学所接受。就这三种课程而言，除了AP课程主要适用于美国，IB和A Level成绩全球多数国家都承认。现在学生申请名校的竞争越来越激烈，学习成绩不再是申请大学的唯一筹码，学生其余各方面的能力也是申请大学的必要条件。所以，学生应根据自己的能力和情况去选择不同的国际课程，最合适的课程更有利于学生自身潜能的发挥。但是所有这些课程均为科目课程，除非在学习过程中学习了英语为母语的英语课程，申请大学时一般还要有相应的语言成绩，如托福、雅思等。

值得一提的是，除了AP可以带来一定的学分减免，对于申请美国和

---

① 加拿大课程官网参考：http：//www.cmec.ca/10/International/index.html。

加拿大的大学，A Level和IB成绩如果达到了大学要求的分数，也可以直接抵扣学分。所以，留学家庭在选择国际课程的时候，还要更多地考虑不同的课程设置，以及注意知识及素养的差异化，选择更合适孩子的，不能仅以申请什么学校为考量。因为在很多时候，三个课程对于申请大学来讲是同等的，没有明显区别。

除了国际课程，选择学校时也可以从以下几个维度对学校本身进行考察。

①考察学校是否取得世界文凭组织（IBO）、剑桥国际考试委员会、美国大学理事会等国际权威教育机构的授权认证，家长可在对应机构的官网进行授权查询及接受课程选择指导。

②考察毕业生的发展方向。一般来说，升学率是一所学校教学质量和水平最直观的反映。选择学校时可将它们的升学率进行对比，能将本身的教学优势转换成优秀教学成果的学校，也更值得家长选择。

③考察师资配备。师资水平是影响学校教学质量的重要因素，也是实施优质教学的前提条件。需要注意的是，师资配备不仅要考虑高资质高学历教师所占的比例，还要考虑外教在教师团队中所占的比例。国际高中的教学以接轨国外教学模式为标准，一定比例的外教有助于学生提前适应国外的教学环境。

④考察硬件条件。硬件条件作为家长最能直观考察学校的一个环节，是提高教学质量、为学生创造良好学习氛围的前提，也是选择时不容忽视的一个部分。此外，学生的社会交际能力和组织动手能力等实践活动的能力也是申请国外大学的重要因素，择校时也应考虑课余活动在整体课程设置中所占的比重。

聆听留学心声

在美国留学的Peter同学关于美本申请的一点分享

扫二维码获取音频资料 ▶

专题三 留学国家比较

一、美国

选择留学美国的学生特征如专题图3-1所示。

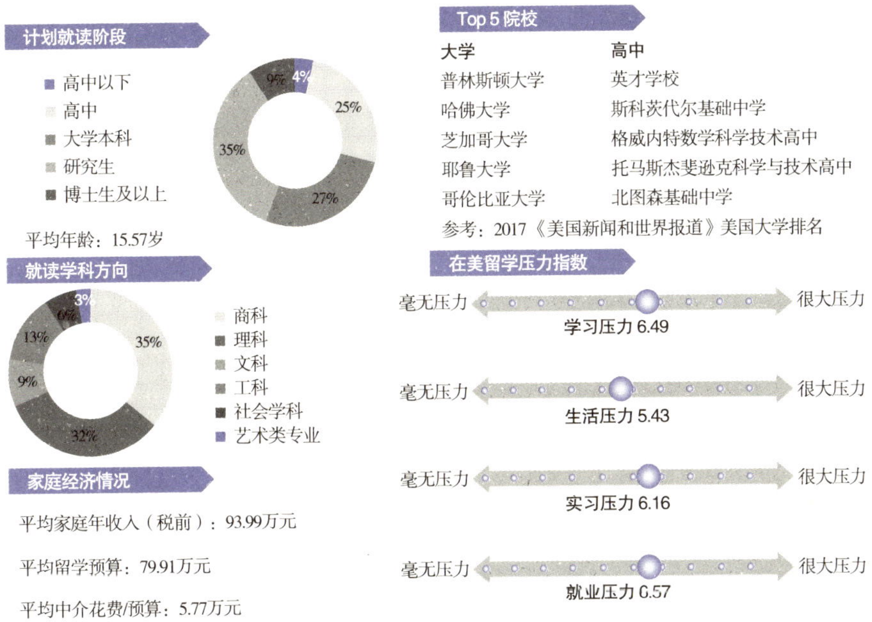

专题图3-1 留学美国学生的特征

资料来源：2017年出国留学中介机构客户调研中选择赴美国留学的部分，共采集1 107份样本；2017年海外留学生调研中正在/曾经在美国留学的部分，共采集259份样本。

在选择留学美国的学生中，以攻读本科和研究生为主。美国因其综合教育质量较高且教育资源集中，近年来高居留学热门国家榜首。2017年《美国新闻和世界报道》公布的全球大学排名前100位中，美国的大学占据了半壁江山，排名前10位的除了牛津大学和剑桥大学外，其余全部为美国大学。在留学专业选择方面，商科和理科是美国留学的热门选择，分别有35%的学生选择商科专业和32%的学生选择理科专业。在留学费用方面，美国的学费和生活费相对较高且学制较长，因此对留学家庭的经济实力要求也相对较高。与之相应的是，对于选择美国的留学家庭，其留学费用预算也较高，平均为79.91万元；而在留学中介机构的花费上，预算均值为5.77万元。

对于未来发展方向，在美国就业和回国工作成为学生们毕业后的主流选择，分别有42%的学生选择在美国就业，37%的学生选择回国工作。此外，也有13%的学生选择继续在国外深造，8%的学生选择创业。相对于国内，美国的就业压力较大，但发展空间也较大且薪资水平较高，这是大部分学生毕业后选择在美国就业的原因。同时，也有一部分学生希望借助美国更广阔的平台锻炼自己的能力，积累一定的海外工作经历，在归国就业时增加竞争力。随着我国经济发展进入高速期，回国就业成为海外留学生的主流选择。国内环境更加熟悉和适合自己，工作压力相对较小且方便照顾家人，是大部分学生回国工作的主要原因。

美国的高教学水平在世界范围内得到广泛的认可，尖端的教育资源让学生有更多的机会接触到各领域的顶尖人士。同时美国高校更加注重对学生学习能力的培养，学生在留学过程中不仅可以提高语言能力，也可以提高独立学习的能力。美国也是多元文化的熔炉，对文化的包容性极强，学生在学习的过程中会对世界有更加全面的认知，变得更加自信。

“大学阶段的留学经历不仅锻炼了我独立生活的能力，而且提高了我的学习能力。在逐渐适应美国环境的过程中，我的英语水平也得到很大的提高。同时美国多元化的学习和生活环境让我对不同的文化有了更强的包容能力。”

——2011年入学，就读于得克萨斯大学达拉斯分校，本科

二、英国

选择留学英国的学生特征如专题图3-2所示。

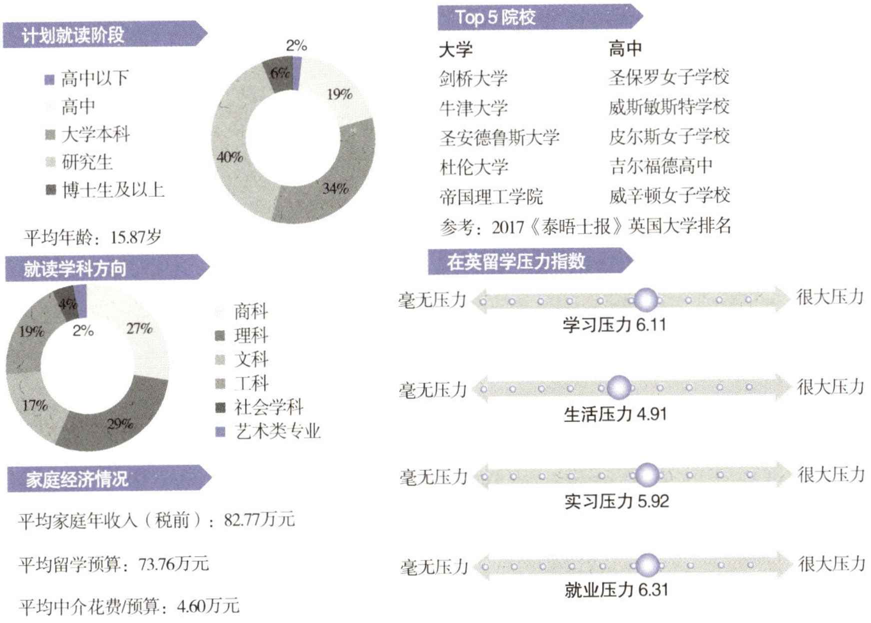

专题图3-2　留学英国学生的特征

资料来源：2017年出国留学中介机构客户调研中选择赴英国留学的部分，共采集524份样本；2017年海外留学生调研中正在/曾经在英国留学的部分，共采集204份样本。

赴英国留学的学生中以攻读大学和研究生阶段为主，分别有34%的学生选择攻读大学，40%的学生选择攻读研究生。从整体来说，教育质量高且学制短是大部分学生选择在英国攻读大学和研究生的主要原因。在留学专业的选择方面，同样以理科和商科为主，分别占比29%和27%。其次为工科和文科，分别占比19%和17%。在留学费用方面，虽然英国的学费和生活费相较其他国家并无太大优势，但从整个留学过程来看，较短的学制也会为留学家庭节省一部分留学费用。英国的留学费用预算适中，平均为73.76万元；而在留学中介机构的花费上，预算均值为4.60

万元。

从整体上来说，英国留学生毕业后的发展方向以回国就业为主。相较于国内，英国的生活和工作环境较为优越是大部分学生选择留在英国就业的主要原因。但英国给华人的工作机会较少，只有伦敦这样的大城市有工作机会，但是竞争也会相对激烈。国内工作机会更多且晋升空间大也是不少学生选择回国就业的主要原因。对于习惯了国内生活的学生来说，家人和朋友都在国内，回国就业归属感更强一些。

英国高校的课程非常活泼和多元化，教学质量高且课程安排紧凑，因此对学生的学习能力和学习效率有很高的要求，对学生合理安排自己的学习和生活时间也是一个不小的挑战。

“与国内老师注重书本知识学习的教学模式不同，英国的教授上课时会更加注重学生对于知识的理解程度，会适当增加与同学们的互动，同学们也很热衷于讨论。在教授提供的许多案例的学习中，我们对知识的理解也更加深入。”

——2013年入学，就读于牛津大学，本科

三、加拿大

选择留学加拿大的学生特征如专题图3–3所示。

选择去加拿大留学的学生仍以攻读大学和研究生为主，分别有32%的学生选择攻读大学，37%的学生选择攻读研究生。值得注意的是，随着留学渐趋低龄化，加拿大高中也逐渐升温，有25%的学生选择就读加拿大高中。加拿大高校属于北美教育体系，教育体系完整，教学水平高，商科、工科等学科处于世界领先水平。对于留学专业的选择方面，尤以商科和理科居多，分别占比33%和30%。其次，分别

有18%的学生选择文科，9%的学生选择工科。留学费用低廉是加拿大留学的主要标签，大部分普通家庭对于加拿大留学费用的承受度也较高。因此，留学家庭对于加拿大留学的费用预期相对较低，平均为72.09万元；其相应的留学中介机构的费用也较低，预算均值为3.30万元。

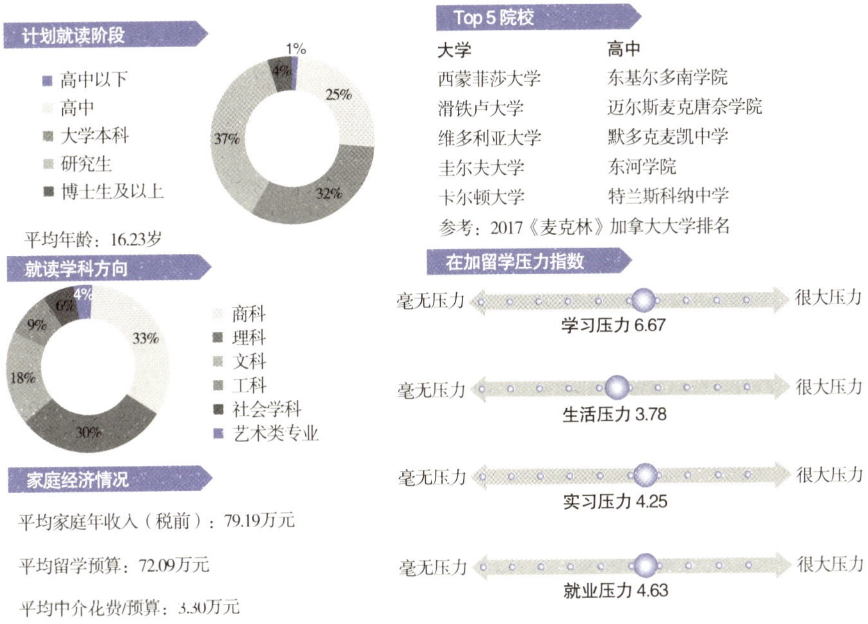

专题图3-3 留学加拿大学生的特征

资料来源：2017年出国留学中介机构客户调研中选择赴加拿大留学的部分，共采集467份样本；2017年海外留学生调研中正在/曾经在加拿大留学的部分，共采集151份样本。

与以往"为留学而留学"不同，现在的学生多是在深刻了解自己的专业喜好和就业倾向后，带着明确的目的去留学，同时对毕业后的发展方向也更加明确。对于加拿大留学生来说，大部分学生倾向于回国就业。

随着我国国际地位的提高，国内市场对具有国际化视野人才的需求也越来越大。因此，国内的工作机遇更多且发展空间更大成为留学生选择回国就业的主要原因。

本着“宽进严出”的招生机制，加拿大大学在保证教育质量的同时对学生的要求也十分严格。加拿大大学的淘汰率也较高，平均为14%左右。以不列颠哥伦比亚大学（UBC）为例，商学院和文学院第一年的淘汰率高达30%。同时加拿大高校也更加注重学生综合能力的培养，除了小组作业以外，还设置了很多个人展示，锻炼学生的个人学习能力和语言表达能力。

“其实留学生活很多时候是辛苦的，没办法求助别人的时候，所有的问题必须自己面对和解决。刚来的时候难以融入这里的生活，无数次想过回国。但现在已经认识了很多当地的朋友，也逐渐喜欢上了这里的生活。从来没有后悔过自己的留学选择，很满足。”

——2013年入学，就读于多伦多大学，本科

四、澳大利亚

选择留学澳大利亚的学生特征如专题图3-4所示。

与留学整体趋势相同，选择澳大利亚留学的学生仍以申请大学和研究生阶段为主，分别占比35%和37%。此外，也有23%的学生选择就读澳大利亚的高中。澳大利亚教学质量位居世界前列，虽然澳大利亚的大学数量不多，但在学术排名方面极为突出。在2017年QS公布的世界大学排名榜中，澳大利亚有13%的大学跻身世界大学排名50强。在留学专业的选择中，商科和理科仍然是热门专业，分别占比33%和32%。其次为文科和工科，分别占比17%和10%。澳大利亚经济发达，但留学费用相对于其他国家却不高，留学费用的预算均值为66.36万元，中介花费预算均值为3.51万元。

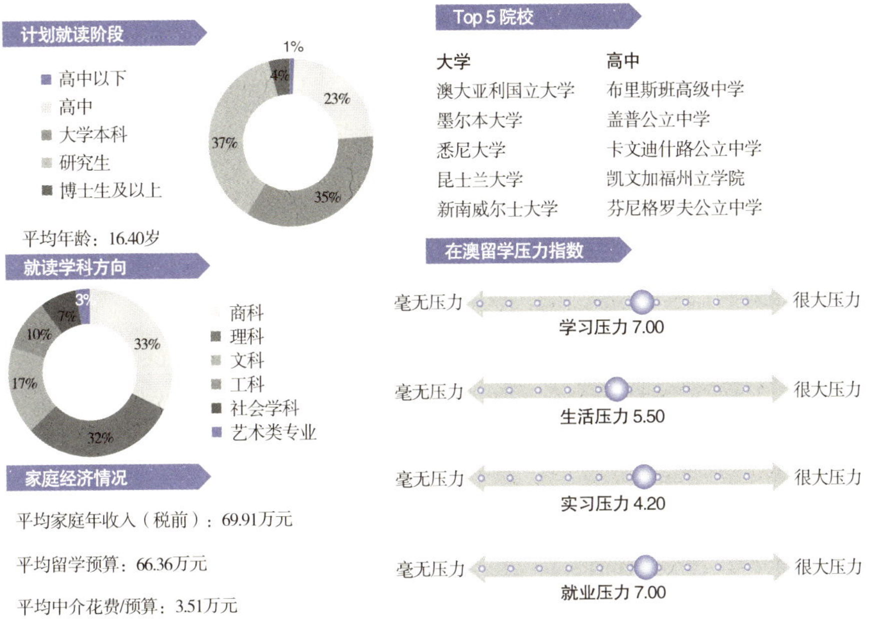

专题图3-4　留学澳大利亚学生的特征

资料来源：2017年出国留学中介机构客户调研中选择赴澳大利亚留学的部分，共采集542份样本；2017年海外留学生调研中正在/曾经在澳大利亚留学的部分，共采集201份样本。

对于学生的未来发展方向，留在澳大利亚工作是学生们的普遍选择。生活环境优美且福利待遇优厚是大部分学生选择留在澳大利亚就业的主要原因。澳大利亚常年气候温和，且与中国的时差仅为2~3小时，更易于中国留学生适应。澳大利亚有着优厚的福利政策，其社会保障体系始于1910年，是一个典型的高福利型国家，其福利水平居于世界前列。作为移民大国，澳大利亚的移民政策相对于其他国家也较为宽松。同时澳大利亚的人才缺口高达两千多万，留学生将会有更多的工作机会。

与国内教学模式不同，澳大利亚高校更加注重学习能力的培养，且学习过程相对轻松。一般来说，澳大利亚高校的期末考试仅占成绩的30%左右，而70%则是课堂表现和平时的作业情况，这样使得学生的基本功较为扎实，到了期末学生就会相对轻松。同时得益于国外小组式的学习方式，学生在学习过程中不仅体验到了东西方思维的碰撞，而且还提高了团队协作能力和沟通能力。

“澳大利亚的留学生活开阔了我的眼界，我对事物的理解和认知都不同于以前，更能理解不同的文化。我不再满足于现状，不再故步自封。留学不仅锻炼了我独自生活的能力，也提高了我与人沟通的能力。”

——2010年入学，就读于悉尼大学，本科

专题四　留学规划以始为终

对于留学规划与留学准备而言，只有更早，没有最早。无论哪个国家的留学申请，都需要平时成绩、语言成绩等必要的申请材料，去非英语国家还需要提前进行当地语言的学习。通常来讲，全面、有竞争力的留学准备包括如专题图4–1所示的几个方面。

专题图4–1　留学准备

各个国家的申请时间都有不同的规定和要求，英语国家一般需要提前半年至一年的时间准备申请材料。如果学生和家长选择自己申请而不委托留学中介机构或任何申请机构，还需要额外预留一段时间了解留学国家、选择学校以及去所申请的学校官网上获取相关信息。

在中学阶段，需要根据家庭实际情况以及孩子的留学目标国家来选择出国时间。如果家长准备让孩子中学阶段出国留学美国，建议一

般不要早于8年级且不要晚于11年级。在美国，9~12年级是中学阶段，部分家长选择让孩子在9年级之前去美国，这样可以让孩子有完整的美国中学生活，接受美国教育中的精髓部分，有机会自由展现自己的思维和想象力，锻炼学习及主动思考的能力，并参加各种互动活动；同时，完整的美国中学学习记录，可以帮助孩子提高排名靠前的大学的录取概率。大学的申请一般要提前半年以上的时间，因此如果中学阶段出国晚于11年级，学生刚到美国，还没有适应当地生活，就要开始准备申请，难免会顾此失彼。如果家长计划让孩子在加拿大读中学，进而申请所在省或地区的大学，留学时间就相对比较宽松。很多学生去加拿大读国际高中12年级，然后申请一个不错的本地大学，也不失为一个好的选择。还有一部分家长考虑到留学成本、孩子在国外的适应能力等问题，选择让孩子在国内读国际性课程，在12年级申请国外的大学，即使这样，也需要在高中前做决定，并联系好国际高中。

计划留学小语种国家的同学，还应该尽快开始学习当地语言，准备当地语言的考试。除了考试之外，准留学生还需要通过持续且有意义的活动来提升自己的软性背景。所以，无论留学家庭选择在国内读高中还是到国外就读当地的中学，都要尽早进行培养式的准备，使孩子有较为充足的时间参加活动以激发其兴趣爱好，并引导孩子选择自己的特长，丰富其文体、社会实践、学术经历等。同时，让孩子有充足时间进行语言培训和准备考试。

如果准备出国读研究生，那么最好在刚进入大学时开始准备。首先，的成绩保持在良好水平，平均分至少在80分以上。其次，准备语言学习。最后，研究生阶段的留学不同于本科阶段留学和中学阶段留学，学生经过了本科四年的学习，深造的专业方向应该与未来的职业生涯或学术生涯相匹配，所以，申请研究生阶段留学的学生需要结合自己的兴趣与职业发展进行长远规划。

总之，早做决定，早做准备。建议申请者把自己的时间按照每半年甚至每个月进行规划，争取在申请前的一年就已经做好所有准备。

一、高中留学私立vs公立

近年来，为了使孩子提前适应国外的生活及教学环境，提高国外大学的录取概率，越来越多的家长选择让孩子在高中阶段留学。与国内高中相似，国外的高中也分为私立和公立两种类型。

以美国高中为例，美国私立高中的教学质量普遍高于公立高中。美国公立高中的财政支持主要来源于教育税，不收取本地学生的学费，且美国公立高中仅接收短期的交换生，法定时间为一年，之后则需转入私立高中。美国私立高中主要由教会或私立财团建立，财政来源充足，通常会高薪聘请高水平的教师来吸引学生，因而在教育资源的配置上也优于公立高中。美国私立高中通常以高升学率和优异的学术表现而知名，引导学生全面发展，鼓励学生发展多样化的兴趣爱好。而加拿大公立高中作为义务教育的一个部分，其目的是为学生提供基础教育，因而师资水平与私立高中旗鼓相当。此外，加拿大公立高中对本地学生不收取学费，而对国际学生收取一定的费用，同时加拿大公立高中招收国际学生的名额也十分有限。

国外私立高中和公立高中的主要区别在于学费、国际学生招收情况、申请条件、教学制度4个方面。在学费方面，国外公立高中的学费普遍低于私立高中，国外许多公立高中对当地学生免费开放，而国际学生则需交纳一定的学费。以美国为例，公立高中一年期的交流项目费用大概为10万元，相对于私立高中费用较为低廉。在国际学生招收情况方面，国外高中的情况基本相同，需要提前申请且名额非常有限，部分国家的公立学校并不招收国际学生。在申请条件方面，私立高中比公立高中更为灵活。公立高中主要审核学生的“标准化”成绩，包括初中阶段的成绩单、教师推荐信和语言能力证明（如雅思成绩）。而私立高中除了审核以上材料，还会安排学校的内部面试，针对不同特点的学生选用个性化的入学面试。在教学制度方面，公立高中的管理相对宽松，对于自制力以及自主学习能力较弱的学生来说无疑是巨大的挑战。

二、留学新加坡、中国香港如何帮助大学及研究生阶段申请

近年来，越来越多有出国留学计划的学生和家长将新加坡和中国香港地区视为“留学跳板”进行过渡。

新加坡和中国香港地区高校的教育水平得到国际的广泛认可，从国外高校本科阶段及研究生阶段的入学比例来看，新加坡和中国香港地区的学生进入国外高校的机会更多。以新加坡为例，每年会有5个左右的学生进入哈佛大学，从数量上来看基本与中国持平，但从国家人口基数上来看，新加坡无疑具有更大的优势。新加坡和英国的教育制度较为相似，高中阶段同属于A Level升学制度，和英国本地学生申请大学的步骤基本相同。因此，高中阶段就读新加坡和中国香港地区的高中并将其作为留学跳板跳转至英国本科较为方便，直接使用高中阶段的成绩申请即可；而跳转至美国本科则稍显复杂，需要参加美国大学所要求的SAT考试。

同时，作为留学中转站，新加坡的许多私立学校与国外大学联合办学，学生在新加坡修完一部分学分后可以直接转入欧美大学修完剩下的学分，并获得欧美名校的文凭。许多在申请本科阶段时分数或语言成绩达不到欧美名校要求的学生可以选择先就读新加坡大学，再通过联合办学模式转入心仪的大学。

名校交流机会是大部分学生选择中国香港地区大学的主要原因，中国香港地区的大学普遍与不同国家、不同高校有交流合作项目，从大二

开始学生可以通过交换项目到国外学习。以香港中文大学为例，其与哈佛、耶鲁、康奈尔等180多所海外知名学府开展交换生项目，每年学校会给本科生提供2 400个以上不同时长的国际交流名额。

新加坡和中国香港地区的高校均采用英语教学，教学模式与国际接轨。而从文化背景来说，与国内文化较为相似，学生容易适应，也更有助于学生从东方教育到西方教育的过渡，为未来在欧美等地的留学生活打下基础。

此外，与欧美高校的学费和生活费相比，新加坡和中国香港地区的均相对较低，同时还设有丰厚的奖学金。而且，新加坡和中国香港地区的高校均认可高考成绩，学生一旦被录取即可获得政府80%的学费补助，这对于留学预算不是很高的家庭无疑有较大的吸引力。

三、研究生留学专业选择

对于研究生阶段专业的选择来说，国外高校对于跨专业学生的包容性较高，部分学科对本科阶段基础课程的要求不是很严格，不要求学生有相关专业的本科教育背景，比如MBA、教育类专业、传媒专业、国际关系专业以及部分社会学专业。

许多学生在研究生阶段既不想浪费自己本科四年的学习，又想拓展其他专业知识，可以申请双学位或者选择交叉学科，其中交叉类学科是学生选择的热门，尤其是理、工、商三类学科的交叉。本科教育背景为理科且数学基础较好的学生，更倾向于选择理科与商科或工程类相交叉的学科，如金融数学、数据挖掘等专业；而对于工科类专业来说，学生更热衷于金融工程这类工程与商科交叉的专业；商科类学生的专业选择倾向则是与理科或工科有重叠的学科，如商业数据分析、计量金融等。

专题五 提高留学安全意识，行前行后平安常在

一、领事保护，领事协助，领事服务

领事保护是指派遣国的外交领事机关或领事官员，在国际法允许的范围内，在接受国保护派遣国的国家利益、本国公民和法人的合法权益的行为。以我国为例，当中国公民、法人的合法权益在驻在国受到不法侵害时，中国驻外使领馆依据公认的国际法原则、有关国际公约、双边条约或协定以及中国和驻在国的有关法律，反映有关要求，敦促驻在国当局依法公正、友好、妥善地处理。领事保护还包括我驻外使领馆向中国公民或法人提供帮助或协助的行为，如提供国际旅行安全方面的信息、协助聘请律师和翻译、探视被羁押人员、协助撤离危险地区等。

凡是依照《中华人民共和国国籍法》具有中国国籍者，都可以请求获得中国政府的领事保护。也就是说，只要是中国公民，无论是定居国外的华侨，还是临时出国的旅行者；无论是在国外学习的留学生，还是务工人员，都是领事保护的对象。领事保护的实施主体是中国政府及其派驻国外的驻外使领馆。中国目前有260多个驻外使领馆，它们都是实施领事保护的主体。

领事保护一般针对海外中国公民安全和合法权益受到严重威胁或侵害的情况，比如驻在国发生政局动荡、自然灾害、重大事故等危及海外中国公民的安全和合法权益；领事协助一般针对中国公民因客观原因或者自身原因陷入困境的情况，比如海外中国公民因疏忽大意丢失财物等造成的暂时经济困难；领事服务一般是指为海外中国公民提供的证件办理、民事登记等服务，如换/补发旅行证件、办理公证/认证、婚姻登记等。

二、海外领事保护能做什么，不能做什么

1. 领事官员可以为您做什么

①如所在国发生重大突发事件时，可以为您撤离危险地区提供咨询和必要的协助。

②如您在外国服刑，或被拘留、逮捕，可以应您的请求或经您的同意进行探视。

③如您遭遇意外，可以协助您将事故或损伤情况通知国内亲属。

④如您遇到生计困难，可以协助您与国内亲属联系，请其协助解决费用问题。

⑤如您在所在国与他人发生民事纠纷，或涉及刑事案件，或突发疾病，可以应您的请求，协助提供当地律师、翻译和医生等名单供您参考，但并不保证其服务质量达到您的预期。

⑥如您需要寻找国外失踪或失联亲人，可以代为向所在国有关部门提出请求。

⑦可以根据中国法律法规，为在国外的中国公民颁发、换发、补发旅行证件并进行加注。

⑧可以根据中国法律法规，为遗失旅行证件或无证件的中国公民签发旅行证或回国证明。

⑨可以根据中国法律法规和相关国际条约，为中国公民办理公证或为当地相关部门签发的拟送往中国使用的文书办理领事认证。

⑩在与所在国法律法规不相抵触的情况下，为居住在驻在国的中国公民办理婚姻登记。

2. 领事官员不可以为您做什么

①不可以为您申办他国签证或办理签证延期。

②不可以为您在当地谋职或申办居留证、工作许可证。

③不可以替您提起诉讼，不可以替您调查海外犯罪或死亡案件。有关请求应由当事人向所在国当局提出。

④不可以干预所在国的司法程序或法律事务，不可以仲裁或解决您与他人的劳资争议、商业纠纷、刑事案件、子女抚养权纠纷或家庭事务。

⑤不可以帮助您在治疗、拘留或服刑期间获得比当地人更优的待遇。

⑥不可以为您提供导游、翻译等服务，或为您支付酒店、律师、翻译、医疗及旅行（机、船、车票）费用或任何其他费用。

⑦不可以将您留宿在使领馆内，或为您保管行李物品。

⑧不可以为您购买免税物品。

3. 预防性领事保护知识

留学生在国外需要增强自我保护意识，避免不安全的事情发生，不在不合适的时间去不合适的地点，不轻信陌生人，注意预防性领事保护知识的学习。

4. 出国前特别提醒

（1）掌握应急联系方式

行前请登录外交部网站（http：//www.fmprc.gov.cn/）和中国领事服务网（http：//cs.mfa.gov.cn/），查询并保存旅行目的地中国使领馆的联系方式以及相关旅行提醒、警告等海外安全信息。若目的地国与我国无外交关系，则可保存中国驻其周边国家使领馆的电话，以便就近求助。此外，您还可以记录外交部全球领事保护与服务应急呼叫中心热线号码+861012308或者+8610-59913991备用，或关注领事直通车微信（微信号：LS12308，二维码见封底）通过网络了解信息或进行咨询。

（2）检查护照有效期

护照剩余有效期一般应在一年以上，否则可能影响您申请他国签证，或影响您在国外期间的行程安排。

（3）办妥目的地国签证

确保已取得目的地国的入境签证和经停国家的过境签证，签证种类与出国目的相符，签证的有效期和停留期与出行计划一致。但需要注意的是，根据国际惯例，即使您已取得一国签证，该国也有权拒绝您入境且无须说明理由。

（4）核对机（车、船）票

仔细核对票面上所显示的登机（车、船）时间、地点以及联程票的前后衔接是否正确。

（5）了解目的地信息

全面收集目的地风俗禁忌、气候条件、治安状况、流行疫病、法律法规等信息，并采取相应预防措施。

（6）购买必要保险

国外医药等费用普遍较高，建议您根据自身经济条件，购买人身安全和医疗等方面的必要险种，以防万一。

（7）体检和防疫

行前最好进行全面体检，并根据目的地国要求和情况，进行必要的预防接种，并随身携带接种证明（俗称“黄皮书”）。

（8）慎重携带个人药品

许多国家对药品入境有严格规定，为减少不必要的麻烦，出国前应了解有关国家的海关规定，在允许的范围内选择所携药品的品种和数量。

如因治疗自身疾病必须携带某些药品时，应请医生开具处方，并备齐药品的外文说明书和购药发票。

（9）避免携带违禁物品

注意目的地国海关在食品、动植物制品、外汇等方面的入境限制。请勿携带毒品、国际禁运物品、受保护动植物制品及前往国禁止携带的其他物品等出入境。切勿为陌生人携带行李或物品。如携带大额现金，必须按规定向海关申报。

（10）留下应急联系方式

出国前应给家人或朋友留下一份出行计划日程，约定好联络方式。建议您在护照“应急资料”页内详细写明家人或朋友的地址、电话号码，以备紧急情况下有关部门能够及时与他们取得联系。护照、签证、身份证应复印，一份留在家中，一份随身携带，还要准备几张护照相片，以备不时之需。

5. 出国后特别提醒

（1）视情进行公民登记

如您需在国外停留较长时间或所在国局势不稳，建议您在中国驻当地使领馆或通过中国领事服务网（http：//ocnr.mfa.gov.cn/expa/）进行公民登记，以便出现紧急情况时，使领馆能及时与您取得联系。

（2）提高安全防范意识

注意防盗、防骗、防诈、防抢。不要轻易给陌生人开门，不要让孩子告诉陌生人父母不在家。出门尽量不要随身携带贵重物品或大量现金，也不要在居住地存放大量现金。不在车内的明处摆放贵重物品，如车胎被扎，修车时务必要先锁好车门。不要在黑暗处招呼出租车，不要轻易让陌生人搭乘您的车。不将文件、钱包、护照等重要物品放在易被利器划开的塑料袋中。不要和陌生人一起行走，不要在公共场所参与他人的争吵。不要在街上捡拾遗落物品，以防被敲诈。如警察检查您的护照等证件，应先请他出示证件，记下他的警牌号、警车号。不要在黑市上换汇，交罚款时不要当街交给警察，而要凭罚款单交到银行等指定地点。

（3）注重文明旅游

遵守当地法律规定，尊重当地风俗习惯和宗教信仰。遵守公共秩序，不要在酒店、餐厅、机场、影院等公共场所大声喧哗。就餐、乘船、乘车时注意排队，不要插队。注意自身形象，保持衣着得体。注重公共卫生，不随地吐痰，不在禁止吸烟的场所吸烟，在某些国家，还不能在公共场所饮酒。文明参观，不在景区刻画，不在禁止照相的地方拍照，对当地人信奉的神明或珍贵文物等保持尊重。如因气候条件、机械故障等原因造成航班延误、改签、返航或者停飞的情况，应保持理解和合作。

（4）确保出行安全

自驾出行时要高度重视交通安全，行前细致检查车况，了解路况，设计好行车路线，备好地图、备胎等应急装备。在实行左侧通行规则的国家，超车和并线时要特别注意。在身体不适时尽量不要开车，酒后禁止开车。在国外游泳、潜水、乘热气球等活动时要做足预防措施。

（5）遇事及时求助

熟记当地火警、急救、警察等应急电话，遇事及时求助。如人身安全或财产受到侵害，应立即向当地警方报案，并请其出具报警证明，以便日后办理保险理赔、证件补发等手续。

（6）依法理性维权

如您的合法权益受到侵害，可通过向当地主管部门投诉、司法起诉等正当途径维权，不要采取过激行为。对于当地警察、移民部门的执法行为，应争取说明情况，防止误解，不要暴力抗法或者试图贿赂以减轻或免除惩罚。

（7）尽快融入当地

如拟在外国长期生活，要注意留意当地报纸、电视、网络等媒体信息，熟悉当地政治、经济、文化和社会情况，入乡随俗，尽快适应当地生活。与邻为善，早日融入当地社会。

（8）及时联系家人

通过电话、网络等方式与家人或朋友保持联络，以免亲友担忧。

（9）严格按期出境

按照签证或居留许可允许的期限在有关国家停留，如需延长旅行计划，请提前在当地主管部门办理延期手续。

除此之外，还要注意配合警察，任何时候当警察进行例行检查的时候，不要跑、不要乱动；遇到劫持、伤害的时候，保持冷静；保护生命安全是第一位的；保持心理健康，正确对待自闭症、忧郁症等心理疾病，心理健康不可怕。

（10）需要引起重视

而不是放任不管或者选择忽视，正视心理健康，早发现早治疗。平安留学、健康留学。

三、如何寻求领事保护

1. 在国外遭遇恐怖袭击、严重自然灾害、政治动乱等紧急情况时，应如何寻求领事保护

①立即与就近的中国驻该国使领馆取得联系，以获得最新相关信息

并进行注册登记。如您的家人与您在国外失去联系，请您立即与中国驻当地使领馆取得联系，以获得最新相关信息，并提供您家人的详细个人信息和联系方式等，以便使领馆协助查找。使领馆将在必要及可能时协助中国公民（含死伤人员）撤离危险区域（不一定是回国）。

②妥善保存自己的重要证件和文件，包括护照、出入境记录、保险和银行记录等。

③检查护照、签证是否有效，如需更新护照请立即到使领馆办理。

④将存放于家中或随身携带的重要证件和资料进行备份，以防万一。同时要保证自己驾驶的汽车安全及行驶正常，并储备必要的食品和药品。

⑤不要消极等待。如有安全方式离开，应立即行动。

2. 在海外受到人身侵害，该怎么办

应立即向当地警方报警，并索要一份警察报告（报警记录）复印件，同时与律师或医生（如需就医）联系，向中国驻当地使领馆反映情况。领事官员可以向您提供以下帮助：安排适当人员（如有性别要求）听取您的受害情况并承诺保护您的个人隐私；敦促警方尽快破案；了解案件进展情况；向您提供律师和翻译的名单；提供医院名单；补发丢失或受损的旅行证件；协助您与家人、朋友或雇主联系；寻求当地社会救助。但是，领事官员不能调查案件或干涉当地法庭的审理，不能代替您出庭，不能充当翻译，也不能替您支付律师费、医疗费或其他相关费用。

请参考中国领事服务网（http：//cs.mfa.gov.cn/gyls/lscs/），获得更多、更全面的领保知识。如果中国公民需要领事保护与服务，可用如下的方式与领保部门取得联系。

3. 外交部全球领事保护与服务应急呼叫中心（12308热线）

外交部全球领事保护与服务应急呼叫中心（12308热线）于2014年9月2日正式启动运行，全年无休24小时向海外中国公民和企业提供领事保护咨询与服务。呼叫中心热线电话号码为12308（或59913991，在国外拨打方式与拨打北京市电话号码相同）。12308热线重点在于“领事保护”，核心在于“应急”，同时兼顾常见领保和领事证件咨询服务。主要职责有：一是为遇到紧急情况的求助人提供领保应急指导与咨询，必要时协调有关驻外使领馆跟进处理；二是向求助人介绍一般性领保案件的处置流程，并根据当事人需求提供建议；三是在发生重大突发领保案件时，承担应急处置“热线”功能，接受社会各界咨询；四是为中国公民提供领保常识及领事证件咨询服务。呼叫中心热线增加了我公民寻求领事保护与协助的选择，并不替代各驻外使领馆此前公布的领保电话和证件咨询电话。中国公民在海外遭遇重大事故、自然灾害等人身安全受到威胁的紧急情况时，可以拨打12308热线，按“0”再按“9”优先转人工服务。如有其他领事保护与协助请求，或需要咨询护照、签证以及各国安全情况等信息，建议优先登陆中国领事服务网以及中国驻相关国家使领馆网站获取信息，或是通过12308热线自助语音服务查询。

4. 中国领事服务网

中国领事服务网（cs.mfa.gov.cn）于2011年建成并投入使用，设有“关于领事”“中国公民出国”“中国公民在海外”“外国人来华”“资料表格”等栏目，汇集领事工作新闻、领事证件指南、海外安全提醒等“一站式”资讯服务。2013年改版后，又新设“办事指南”栏目，针对中国公民出国及外国人来华等热点问题增加了公众办理护照、旅行证、出国签证、公证认证、婚姻登记等各类因私类领事证件的需求信息，充实了目的地介绍、领事保护、国际旅行证件温馨提醒等各类领事静态信息，并开发了海外护照在线预约和填表系统、海外中国公民自愿登记系统等交互式访问服务功能。海外申请护照在线预约系统可为申请人提供电子护照在线填表、预约和进度查询服务，便于申请人合理安排赴使馆办证时间，准确掌握办理进度和取证时间，目前已有76个驻外使领馆开通。出国及海外中国公民自愿登记系统能有效收集临时出国及在海外长居的中国公民的联系方式，有助于驻外使领馆更全面地掌握驻在国的中国公民相关信息，及时推送安全提醒，必要时提供领事保护与协助。

5. 旅美生活服务平台

旅美生活服务平台是在中国驻美国大使馆指导下，由美国HNL咨询公司为留学生、游客、在美华人等群体量身定制的综合性信息交互平台。平台深入美国生活、学习、旅游、投资等各个方面，通过建立微信公众号、应急呼叫中心等形式，为旅美中国公民提供旅行安全、教育资源、医疗处置、法律法规、国情信息、商务金融等实用信息，同时为相关商户及合作伙伴搭建拓展本地华语市场的综合性平台。

可以通过在公众号下留言、拨打24小时服务热线的方式获得美国领事服务的帮助。公众号会定期更新在美留学、生活、旅游的最新资讯，读者可以通过该平台查询目的地的治安状况，了解领保安全讲座信息，获得领事保护服务咨询等。

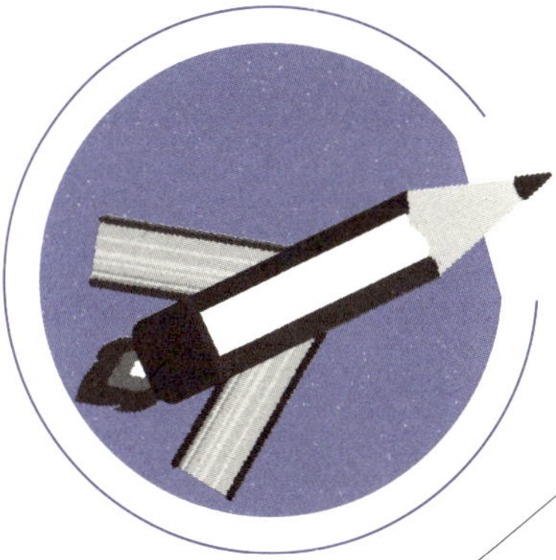

附　录

附录一 留学中介机构简介

目前，中国从事留学出国服务的中介机构大约有1 000家，但是全国范围内的大型中介机构并不多，大多还是以地方性的小型中介机构为主。

我们总结了综合排名靠前的全国范围内的大型中介机构（按照中介机构首字母顺序排序），信息来源如下。

- 全国企业信用信息公示：中介机构的注册资本、注册时间、经营范围。
- 教育部教育涉外监管信息网：自费出国留学中介服务机构资格认证号码。
- 中介机构的官方网站：中介机构的简介、国内分支机构数量、是否有境外分支机构、网站、联系电话、申请留学目的地、特色。

1. 艾迪国际

艾迪国际是较早从事留学服务业务的机构之一，并与众多海外教育机构、知名院校合作紧密，在中国境内创立海外院校驻华办公的留学服务模式。院校驻华代表均由海外院校直接委派，代表院校常驻中国全面开展推广和招生工作，详见附录表1–1。

附录表1–1　艾迪国际基本数据与信息

留学中介注册资本	100万元	注册时间	2002年
国内分支机构数量	32	是否有境外分支机构	有
自费出国留学中介服务机构资格认证号码	BJ2004042	经营范围	自费出国留学中介服务；教育咨询；翻译服务；劳务服务
网　站	www.eduglobal.com/	联系电话	010–67080808
申请留学目的地	美国、英国、加拿大、澳洲		
特　色	与澳大利亚、美国、加拿大、英国、爱尔兰、新西兰及亚洲一些国家和地区众多知名院校合作紧密，为数万名学生办理了出国留学业务		

2.澳际教育

澳际教育凭借其与澳大利亚、英国、新西兰、美国、加拿大、德国、法国、爱尔兰、瑞士、荷兰、马耳他、俄罗斯及日本、韩国、新加坡、马来西亚等全世界30多个国家1 000多个教育机构、高等院校的长期、紧密、友好的合作，逐渐成为全国资格较老、经验丰富、规模较大、国内办理自费留学颇具权威性的教育咨询机构之一，为国内学生提供全方位服务，详见附录表1–2。

附录表1–2　澳际教育基本数据与信息

留学中介注册资本	120万元	注册时间	1999年
国内分支机构数量	32	是否有境外分支机构	有
自费出国留学中介服务机构资格认证号码	教外综资认字【2000】17号	经营范围	互联网信息服务；自费出国留学中介服务
网　站	www.aoji.cn	联系电话	400–601–0022

（续表）

申请留学目的地	美国、英国、加拿大、澳大利亚，也基本涵盖了欧洲和亚洲主要的国家和地区
特　色	专注于澳大利亚、美国、加拿大留学，创始人是第一代澳大利亚留学生。旗下还设立傲美达高端申请，主要为申请美国本科、美国高中提供服务

3.百利天下（美加百利）

百利天下（美加百利）以留学咨询、留学职业规划、留学申请、留学签证为主营业务，申请范围涵盖美国、加拿大、英国、日本等国家，详见附录表1–3。

附录表1–3　百利天下（美加百利）基本数据与信息

留学中介注册资本	100万元	**注册时间**	2010年
国内分支机构数量	1	**是否有境外分支机构**	无
自费出国留学中介服务机构资格认证号码	BJ2004055	**经营范围**	技术开发；教育咨询
网　站	www.bailitop.com/	**联系电话**	010–57952000
申请留学目的地	美国、加拿大、英国、日本		
特　色	文、理、工、商、艺术类专业细分，为不同背景的学生提供留学整体解决方案		

4.毕达留学

毕达留学是国内首批留学咨询机构，业务涉及海外留学申请、出国考试辅导及职业规划咨询服务。相比起其他业务多元化的留学机构，毕达更专注于研究生学位申请服务，详见附录表1–4。

附录表1-4　毕达留学基本数据与信息

留学中介注册资本	100万元	注册时间	2010年
国内分支机构数量	5	是否有境外分支机构	无
自费出国留学中介服务机构资格认证号码	无	经营范围	教育咨询服务
网　站	www.betteredu.net/	联系电话	400-601-1842
申请留学目的地	美国、英国、加拿大、澳大利亚、新加坡、法国和中国香港等国家和地区		
特　色	专做研究生学位（包括授课型硕士、研究型硕士、MBA、博士等）留学咨询与申请		

5.伯乐留学

伯乐留学成立于1998年，是首批获得教育部资格认证的专业办理出国留学中介服务的专业机构，与20多个国家和地区的7 000多所著名大学和顶尖中学建立了良好的合作关系，形成了稳定的留学业务和国际教育交流通道，详见附录表1-5。

附录表1-5　伯乐留学基本数据与信息

留学中介注册资本	1 000万元	注册时间	2000年
国内分支机构数量	7	是否有境外分支机构	有
自费出国留学中介服务机构资格认证号码	BJ2000039	经营范围	自费出国留学中介服务；组织展览展示
网　站	www.bole.me/	联系电话	010-65156886
申请留学目的地	美国、英国、加拿大、澳大利亚、新西兰、荷兰、新加坡、日本、韩国、法国、德国、意大利、爱尔兰和中国香港等国家和地区		
特　色	最早和荷兰的大学展开合作，拥有荷兰办事处		

6. 东方国际

东方国际隶属于国家留学基金管理委员会，是2000年首批经教育部和公安部批准，在国家工商行政管理局注册成立的专业留学服务机构。东方国际历经十余年，分支机构遍布全国各主要城市，与近千家国内外院校及机构建立了长期稳定的合作关系。其高级顾问团队均由在教育领域从事多年国际交流的资深专家组成，大部分拥有驻外经历，经验丰富。详见附录表1–6。

附录表1–6　东方国际基本数据与信息

留学中介注册资本	100万元	**注册时间**	2000年
国内分支机构数量	13	**是否有境外分支机构**	无
自费出国留学中介服务机构资格认证号码	BJ 2000002	**经营范围**	出国和来华留学中介服务；留学咨询；翻译服务
网　站	http：//www.cscdf.org/	**联系电话**	400–684–8866
申请留学目的地	美国、英国、澳大利亚、新西兰、加拿大、法国、意大利、西班牙、波兰、德国、荷兰、瑞典、古巴、日本、韩国和中国香港等国家和地区		
特　色	经中国驻外使领馆推荐的独家项目；与国外高校直接签署协议的直招项目；受委托管理部分自费出国留学奖学金项目		

7. 华恒教育

华恒教育是专门从事自费出国留学中介服务、教育培训、国际教育文化交流的专业机构，并与美国、英国、德国、加拿大、澳大利亚、新西兰等国家的世界名校建立稳固的合作，专业办理高中、本科、研究生留学申请，详见附录表1–7。

附录表1-7　华恒教育基本数据与信息

留学中介注册资本	30万元	注册时间	2000年
国内分支机构数量	11	是否有境外分支机构	无
自费出国留学中介服务机构资格认证号码	教外综资认字【2000】169号	经营范围	教育文化交流；经济信息咨询（不含中介服务）翻译服务；自费出国留学咨询服务
网　站	www.huahengedu.com/	联系电话	400-888-0060
申请留学目的地	美国、新加坡、英国、澳大利亚、加拿大		
特　色	与众多海外院校建立了长期稳定的关系，专家顾问团队遍布全国。		

8. 华通留学

华通留学拥有近20年的成功运作经验，留学作为Iae全球教育网络的重要组成部分，所有华通留学的学生都将享受Iae China全球化的教育服务。已经形成了集国际教育咨询、留学申请、海外留学陪护三位一体的立体式教育服务体系，将中国与世界的教育资源共享、学术对接变为现实，详见附录表1-8。

附录表1-8　华通留学基本数据与信息

留学中介注册资本	100万元	注册时间	2002年
国内分支机构数量	25	是否有境外分支机构	有
自费出国留学中介服务机构资格认证号码	教外综资认字【2005】375号	经营范围	自费出国留学中介服务；教育咨询
网　站	www.ihuatong.com/	联系电话	400-8171-003-7150
申请留学目的地	美国、英国、澳大利亚、加拿大，也基本涵盖了欧洲和亚洲主要的国家和地区		
特　色	国外分支机构多，出国后的服务极具优势		

9.环球行留学

环球行留学1984年在中国台湾地区成立，专注于高端留学申请，包括美国、欧洲、加拿大、英国、新加坡和中国香港等国家和地区的知名大学本科与研究生项目的申请，详见附录表1-9。

附录表1-9 环球行留学基本数据与信息

留学中介注册资本	50万元	**注册时间**	1999年
国内分支机构数量	2	**是否有境外分支机构**	无
自费出国留学中介服务机构资格认证号码	教外综资认字号【2000】156号	**经营范围**	教育信息咨询；组织文化艺术交流活动（不含演出）；外文翻译服务；自费出国留学中介服务
网　站	www.wefedu.com/	**联系电话**	400-636-6730
申请留学目的地	美国、欧洲、加拿大、英国、新加坡和中国香港地区		
特　色	经验丰富、团队专业；与海外中学、语言学院、大专和大学建立了长期稳定的合作关系		

10.嘉华世达

嘉华世达是中国留学服务行业的旗舰机构，美国留学项目部是嘉华世达主要部门之一，也是国内获得美国国务院（United State Department of State）认可的留学项目部。美国留学项目部拥有十余年丰富的留学咨询、文书写作及签证辅导经验，详见附录表1-10。

附录表1-10 嘉华世达基本数据与信息

留学中介注册资本	100万元	注册时间	2000年
国内分支机构数量	9	是否有境外分支机构	无
自费出国留学中介服务机构资格认证号码	教外综资认字【2000】1号	经营范围	留学中介服务；人员培训；学历、学位认证咨询；承办展览展示会
网　站	www.chivast.com	联系电话	400-8888-515
申请留学目的地	美国、加拿大、英国、澳大利亚等		
特　色	专注于美国留学18年，并且非常关注美国大学的奖学金申请		

11. 金东方留学

金东方留学直属国家发展改革委员会培训中心，为计划申请去美国、英国留学的高中生、本科生、研究生、博士生客户提供全方位的留学申请计划、申请材料准备指导、文书写作、面试辅导、签证辅导等一站式服务，详见附录表1-11。

附录表1-11 金东方留学基本数据与信息

留学中介注册资本	50万元	注册时间	2001年
国内分支机构数量	1	是否有境外分支机构	无
自费出国留学中介服务机构资格认证号码	BJ2000036	经营范围	自费出国留学中介服务；翻译服务
网　站	www.egoedu.cn/	联系电话	400-801-5699
申请留学目的地	美国、英国等		
特　色	专注于美国、英国的申请，为计划申请美国、英国留学的高中生、本科生、研究生提供全方位的留学申请服务；同时涵盖访问学者、博士后阶段的申请项目		

12. 金吉列留学

金吉列出国留学咨询服务有限公司是获得教育部、公安部和国家工商行政管理总局资质认证的留学服务企业，拥有数十年留学管理经验的驻外使馆前大使、教育参赞作为特约咨询专家，千余名专业咨询师，数十万海外留学成功案例，平均每年向数万个家庭提供数十个国家（数千所海外院校）的免费留学咨询、量身设计留学方案，详见附录表1-12。

附录表1-12　金吉列留学基本数据与信息

留学中介注册资本	5 000万元	**注册时间**	1999年
国内分支机构数量	48	**是否有境外分支机构**	有
自费出国留学中介服务机构资格认证号码	教外综资认字【2000】15号	**经营范围**	出国留学的咨询服务；自费出国留学中介服务；组织文化交流活动；翻译服务
网　站	www.jjl.cn	**联系电话**	400-010-8000
申请留学目的地	美国、英国、加拿大、澳大利亚、新加坡、法国和中国香港等国家和地区，包括小众的留学目的地，例如俄罗斯、白俄罗斯等		
特　色	申请国家覆盖面广，每年邀请留学国家的大使、教育参赞进行政策解读；机构规模较大，数百位专业顾问拥有数万例海外留学成功经验；总部位于北京		

13. 津桥留学

津桥留学由1996年成立的津桥留学发展壮大而来，目前拥有出国留学服务、语言培训、海外短期培训、合作办学和中外文化交流等各项业务，为中国学生构建了一个包括留学咨询、职业规划、留学申请、签证申请、海外服务、海归求职指导、合作办学、语言培训、海外英语教师培训、国际游学、国际教育交流等全方位的国际教育服务体系，详见附录表1–13。

附录表1–13 津桥留学基本数据与信息

留学中介注册资本	2 000万元	注册时间	2002年
国内分支机构数量	9	是否有境外分支机构	有
自费出国留学中介服务机构资格认证号码	BJ2004053	经营范围	自费出国留学中介服务；因私出入境中介服务；教育咨询；人员培训；翻译服务
网　站	www.oxbridgedu.org/	联系电话	400–650–8585
申请留学目的地	美国、加拿大、英国、澳大利亚、新西兰，也涵盖了欧洲和亚洲主要国家和地区的申请		
特　色	服务涵盖范围于，在多个主要留学国家有分支机构，有较好的国际资源		

14. 金矢教育

金矢教育获得教育部、公安部和国家工商行政管理总局资质认证。金矢留学得益于与海外院校的良好合作关系，能准确掌握海外院校的最新留学信息，为客户提供最基础的留学咨询、申请、规划等一站式服务，详见附录表1–14。

附录表1–14 金矢教育基本数据与信息

留学中介注册资本	125万元	注册时间	1997年
国内分支机构数量	23	是否有境外分支机构	有
自费出国留学中介服务机构资格认证号码	BJ2004055	经营范围	教育咨询（不含中介服务）；出国事务咨询（含出国留学咨询）；自费出国留学中介服务

（续表）

网 站	www.ukpass.org/	联系电话	400-080-0516
申请留学目的地	英国、美国、澳大利亚、加拿大和中国香港留学申请为主打项目，还涵盖韩国、日本、法国、德国、荷兰及北欧等国家和地区的申请		
特 色	专注于英国留学申请，申请成功率较高		

15.启德留学

启德留学提出"从成功留学到留学成功"的理念，积极参与多项中介机构官方认证，提供集留学规划、院校申请、签证办理、行前指导、升学转学、就业移民咨询服务为一体的一站式服务，是20多个国家和地区（上千所院校）授权的官方招生代表，详见附录表1-15。

附录表1-15 启德留学基本数据与信息

留学中介注册资本	5 000万元	注册时间	2004年
国内分支机构数量	28	是否有境外分支机构	有
自费出国留学中介服务机构资格认证号码	教外综资认字【2002】230号	经营范围	自费出国留学中介服务，教育交流与服务
网 站	www.eic.org.cn/	联系电话	400-1010-123
申请留学目的地	美国、英国、加拿大、澳大利亚，也基本涵盖了欧洲和亚洲主要的国家和地区		
特 色	主要擅长加拿大、美国留学申请，提供留学规划、院校申请、签证办理、行前指导、就业移民等一站式服务		

16.顺顺留学

顺顺留学借助互联网留学平台，学生可以直接与预约顾问交流，在线完成咨询任务的交付；也可以根据学生要求提供上门咨询或就近选择服务地点，专注于美国、英国、澳大利亚、加拿大，以及欧洲、亚洲部分国家和地区的留学项目，从中学、本科到研究生，量身定制个性化留学服务和方案详见附录表1-16。

附录表1-16　顺顺留学基本数据与信息

留学中介注册资本	142.86万元	注册时间	2015年
国内分支机构数量	16	是否有境外分支机构	无
自费出国留学中介服务机构资格认证号码	无	经营范围	经济贸易咨询；教育咨询（中介服务除外）；组织文化艺术交流活动（不含营业性演出）
网　站	www.shunshunliuxue.com/	联系电话	400-104-6660
申请留学目的地	美国、英国、加拿大、澳大利亚、欧洲和亚洲部分国家和地区		
特　色	顾问匹配度高，平台上所有留学顾问信息完全公开透明，帮助学生做判断和选择，价格公正。在申请过程中，客户能够随时看到自己的选校、文书等服务进度，下一次面谈或文书的交付时间		

17.索引教育

索引教育（Index Education Service）1992年在中国台湾地区成立，是英国近百所顶尖公立大学官方授权的招生代表、美国大学招生协会（AIRC）认证会员机构至今已积累了20多年的专业英国留学服务经验，始终专注于为学生提供卓越的英国留学服务，与超过100所英国大学、学院、中学建立了密切的合作关系，详见附录表1-17。

附录表1-17　索引教育基本数据与信息

留学中介注册资本	2 000万元	注册时间	2014年
国内分支机构数量	10	是否有境外分支机构	有

（续表）

自费出国留学中介服务机构资格认证号码	SD20150006	经营范围	国内教育信息咨询（不含培训及辅导），自费出国留学中介服务
网 站	www.indexedu.com.cn/	联系电话	021-62309180
申请留学目的地	美国、英国、澳大利亚、新西兰、加拿大、德国、法国、新加坡、日本等主要欧美、亚洲国家和地区		
特 色	专注于英国留学申请，采用自助留学1对1服务系统		

18. 太傻留学

太傻留学拥有700位精英留学咨询专家，300位海外高级顾问，200位考试培训师的强大阵容，200 000个名校申请成功案例的宝贵经验。客户遍布美国排名前100位的院校，主要客户来源为国内211高校及各地重点高中，详见附录表1-18。

附录表1-18 太傻留学基本数据与信息

留学中介注册资本	130万元	注册时间	2002年
国内分支机构数量	8	是否有境外分支机构	无
自费出国留学中介服务机构资格认证号码	教外综资认字【2005】387号	经营范围	教育咨询；家庭教育咨询；基础软件服务；自费出国留学中介服务
网 站	www.taisha.org/	联系电话	400-082-0193
申请留学目的地	美国、英国、加拿大、澳大利亚、德国、亚洲		
特 色	集教育服务、教育咨询、网络服务、图书出版与教育培训为一体的综合性教育服务机构，属于目前中国专注于留学服务，特别是留学咨询服务与留学考试服务的公司		

19.天道留学

天道留学成立于2002年，专注于出国考试辅导及职业规划咨询服务，总部设在北京，并在全国13个城市设有分公司，率先将职业规划、研究能力、情绪管理等软能力融入留学咨询和申请服务，详见附录表1–19。

附录表1–19　天道留学基本数据与信息

留学中介注册资本	1 000万元	注册时间	2001年
国内分支机构数量	13	是否有境外分支机构	无
自费出国留学中介服务机构资格认证号码	SD20110003	经营范围	自费出国留学中介服务；教育信息咨询，教育交流服务；翻译服务
网　站	tiandaoedu.com/	联系电话	400–019–0038
申请留学目的地	美国、加拿大、英国、澳大利亚、新西兰、日本、德国、荷兰、法国、新加坡和中国香港等		
特　色	高端留学，偏重留学咨询，80%的学员被美国排名前50位和英国排名前11位的学校录取		

20.拓达留学

拓达留学是一家专注于商科硕士申请及职业发展的国际教育咨询公司，以提升留学人群的整体职业竞争力为导向，为学生提供商科申请及实习、就业指导的专业服务，致力于帮助学生进入世界顶尖学府，详见附录表1–20。

附录表1–20　拓达留学基本数据与信息

留学中介注册资本	50万元	注册时间	2009年
国内分支机构数量	4	是否有境外分支机构	有
自费出国留学中介服务机构资格认证号码	无	经营范围	教育咨询

（续表）

网　站	www.touchdown.org.cn/	联系电话	400-694-9458
申请留学目的地	英国、美国、澳大利亚、加拿大、新加坡、澳门和中国香港		
特　色	专注于商学院申请，为国内在读高校学生与在职人士精心打造的海外实习与赴美就业项目；针对北美留学生人群量身打造的集海外求职、行业实习、职业辅导为一体的一站式海外就业保障项目等		

21. 藤门国际

藤门国际专注于美国留学服务的高端留学咨询，是国内专注于美国高中留学、美国本科留学、美国硕博留学的高端咨询服务机构，详见附录表1-21。

附录表1-21　藤门国际基本数据和信息

留学中介注册资本	300万元	注册时间	2013年
国内分支机构数量	5	是否有境外分支机构	无
自费出国留学中介服务机构资格认证号码	无	经营范围	自费出国留学中介服务；翻译服务
网　站	http：//www.ivygate.cn	联系电话	010-52729704
申请留学目的地	美国		
特　色	专注美国留学，有90%的学生进入美国前30的顶尖名校；申请专家在本科项目申请、本科转学以及理工科、文商科、法律、教育、艺术等研究生项目招生办公室均曾长期担任领导职位，在留学申请方面拥有丰富的一线经验和内部资源		

22. 威久留学

威久留学拥有十余年专业经验、百余名专家团队、千余名校合作经验、数万余学子成功案例、十余万次的咨询量，与欧洲、美洲、澳大利亚、亚洲等众多国家和地区的院校建立了长期、稳定的合作关系。于2016年5月17日成功挂牌新三板，成为在新三板挂牌的国际教育第一股，详见附录表1–22。

附录表1–22　威久留学基本数据与信息

留学中介注册资本	200万元	注册时间	1999年
国内分支机构数量	14	是否有境外分支机构	有
自费出国留学中介服务机构资格认证号码	教外综资认字【2000】174号/BJ2000041	经营范围	自费出国留学中介服务
网　站	www.wiseway.com.cn/	联系电话	400–164–6699
申请留学目的地	英国		
特　色	与多个国家的院校有很好的合作关系，面试机会和交流机会多		

23. 新东方前途

新东方前途业务范围涵盖广泛，包括考试指导、留学规划、学校申请、文书指导、签证服务等“一站式”留学服务。汇聚了一大批具有哈佛大学、耶鲁大学、牛津大学、剑桥大学等世界名校留学背景的强大顾问团队，秉承“权威、专业、诚信”的服务理念，指导超过10万名学员实现留学梦想并由此走向人生的成功之路，详见附录表1–23。

附录表1–23　新东方前途出国基本数据与信息

留学中介注册资本	500万元	注册时间	2004年
国内分支机构数量	40	是否有境外分支机构	有
自费出国留学中介服务机构资格认证号码	教外综资认字【2005】380号	经营范围	因私出入境中介服务；自费出国留学中介服务；翻译服务
网　站	liuxue.xdf.cn/	联系电话	400–107–1010

（续表）

申请留学目的地	美国、英国、加拿大、澳大利亚、德国等国家和地区
特　色	与美国、英国、加拿大、澳大利亚、德国等几十个国家和地区的众多教育机构建立了良好的合作关系

24. 新航道留学

新航道留学为学员提供包括留学规划、背景提升、语言培训、职业规划、院校申请、奖学金申请、签证培训、签证申请、境外服务、接机住宿等出国留学一条龙服务，特设了美国、英国、澳大利大、加拿大四国名校腾飞计划精品服务项目，详见附录表1–24。

附录表1–24　新航道留学基本数据与信息

留学中介注册资本	400万元	注册时间	2015年
国内分支机构数量	46	是否有境外分支机构	无
自费出国留学中介服务机构资格认证号码	BJ20160072	经营范围	自费出国留学中介服务；教育咨询；翻译服务
网　站	liuxue.xhd.cn/	联系电话	400–892–8866
申请留学目的地	美国、英国、加拿大、澳大利亚、新加坡、新西兰、爱尔兰和中国香港等国家及地区，以及多国、多地区的国际游学项目		
特　色	专注于英语系国家的留学申请，提供“量身教练式”的留学规划		

25. 新通国际

新通国际首创“360度成长规划”，为中国学生构建了一个涵盖语言培训、国际学术课程、海外游学、留学咨询、留学方案规划、入学及签证申请、海外延续服务、就业求职指导等服务在内的一站式、系统化、全方位的国际教育服务体系，详见附录表1–25。

附录表1–25　新通教育基本数据与信息

留学中介注册资本	100万元	注册时间	2006年
国内分支机构数量	28	是否有境外分支机构	有
自费出国留学中介服务机构资格认证号码	教外综资认字【2000】38号	经营范围	自费出国留学中介服务；翻译服务
网　站	www.igo.cn/	联系电话	400–618–8866
申请留学目的地	美国、英国、加拿大、澳大利亚、新西兰、新加坡、日本、韩国、法国、德国、意大利、荷兰、爱尔兰和中国香港		
特　色	起家于浙江，主要覆盖江浙沪地区，在美国、加拿大、英国申请方面占优势		

26.学美留学

学美留学是专注于美国留学申请咨询服务的高端留学品牌，拥有300多人的中外籍专业留学服务团队，涵盖从初中到博士的全阶段留学咨询服务，详见附录表1–26。

附录表1–26　学美留学基本数据与信息

留学中介注册资本	1 500万元	注册时间	2006年
国内分支机构数量	8	是否有境外分支机构	无
自费出国留学中介服务机构资格认证号码	无	经营范围	教育信息咨询（中介服务除外）、商务信息咨询
网　站	www.cedca.cn/	联系电话	400–820–0859
申请留学目的地	美国		
特　色	专注于美国留学，与北美高中及美国本科排名前100位的学校有深度合作		

27. 优弗留学

优弗留学曾率先在美国加利福尼亚州成立留学工作室，主要为在美留学生提供留学申请指导、海外低龄留学生监护、海外留学生选课指导等服务，详见附录表1–27。

附录表1–27　优弗留学基本数据与信息

留学中介注册资本	100万元	注册时间	2014年
国内分支机构数量	1	是否有境外分支机构	有
自费出国留学中介服务机构资格认证号码	无	经营范围	企业管理咨询；组织文化艺术交流活动（不含营业性演出）；翻译服务
网　站	www.youfuedu.com/	联系电话	400–015–6266
申请留学目的地	美国		
特　色	专业从事美国留学咨询业务；由招生官团队、金牌团队和海外顾问组成的庞大的海外团队		

28. 优越教育

优越教育国际有限公司是在英国当地注册的教育咨询公司，为留学及移民家庭提供包括英国、美国、澳大利亚、新西兰、加拿大等国家的有关留学升学、签证移民、学术交流、假期游学等业务，详见附录表1–28。

附录表1–28　优越教育基本数据与信息

留学中介注册资本	100万元	注册时间	2010年
国内分支机构数量	3	是否有境外分支机构	有
自费出国留学中介服务机构资格认证号码	无	经营范围	教育信息咨询（不得从事教育培训、中介、家教）

（续表）

网　站	www.peccn.com/	联系电话	400-666-1553
申请留学目的地	英国、美国、澳大利亚、加拿大		
特　色	在英国留学领域积累了大量经验；中英联合办公，文书大部分由海外人员完成；可以跨国跨地域提供专业的留学服务，帮助留学生解决在外国学习生活时遇到的难题		

29. 中教国际

中教国际以中国教育国际交流协会的全国网络及20多年来积累的国际教育交流经验、渠道为依托，全面开展自费出国留学、来华留学、国内外教育会议展览和论坛、中外合作办学及国内外中短期教育考察及资格证书（培训）项目等教育合作与交流业务，详见附录表1–29。

附录表1–29　中教国际基本数据与信息

留学中介注册资本	250万元	注册时间	2001年
国内分支机构数量	1	是否有境外分支机构	无
自费出国留学中介服务机构资格认证号码	教外综资认字号【2000】3号	经营范围	自费出国留学中介服务
网　站	www.cciee.cn/	联系电话	010-58782999
申请留学目的地	可以申请美国、加拿大、英国、澳大利亚等国家，目前有韩国、新加坡、美国多所大学的交流及培养项目		
特　色	除了自费留学服务之外，与留学国家和院校有合作的项目，通过项目的形式输送学生到国外学习		

30. 中智留学

中智留学是第一批经教育部、上海市教委批准认可的留学中介服务机构，已成功帮助近万名学生赴美国、加拿大、英国、澳大利亚等20多个国家求学深造，有丰富的国际教育资源优势，与澳大利亚、英国、加拿大、美国、法国、新西兰、德国等国家的众多院校建立了长期稳定的合作关系，详见附录表1–30。

附录表1–30 中智留学基本数据与信息

留学中介注册资本	300万元	注册时间	2000年
国内分支机构数量	1	是否有境外分支机构	无
自费出国留学中介服务机构资格认证号码	教外综资认字【2000】21号	经营范围	自费出国留学中介咨询服务，提供与出国留学相关的配套服务（除专项审批项目），翻译服务
网 站	liuxue.shciic.com/	联系电话	400–820–4536
申请留学目的地	澳大利亚、美国、加拿大、英国、爱尔兰、新西兰以及部分亚洲国家和地区		
特 色	可以提供语言、高中、预科、本科、硕士及博士等一系列完备的留学项目		

31.啄木鸟留学

啄木鸟留学成立于2006年，是在国内首家提出“留学规划”和“活动规划”理念的教育机构，专注于美国名校申请，旨在为各年龄段赴美留学生提供考试培训、活动规划和留学申请等一站式美国高端留学解决方案，详见附录表1–31。

附录表1–31 啄木鸟留学基本数据与信息

留学中介注册资本	1 380万元	注册时间	2006年
国内分支机构数量	16	是否有境外分支机构	无
自费出国留学中介服务机构资格认证号码	无	经营范围	教育咨询
网 站	www.zmnedu.com/	联系电话	400–888–0059

（续表）

申请留学目的地	美国
特　色	专注于美国留学，各个阶段划分清晰，以高端为主；啄木鸟留学的老师全部通过专业英语八级考试（TEM8），托福考试成绩110分以上，也有一些来自世界排名排名前100位的名校的老师

附录二　大学排名

1. 世界大学排名评价指标

对于留学生来说，其就读院校在很大程度上决定了未来的学习和生活环境，而学校排名是学生择校时的重要参考因素。目前，世界上有三个较为权威的择校标准排行榜，分别是“QS世界大学排名”、“《美国新闻和世界报道》世界大学排名”以及“《泰晤士报》英国大学排名”。三个榜单排名指标的选取与侧重比例的不同是造成大学排名差异的最主要原因。各大排名在指标的选取上各具特色，QS排名注重同行评价，《美国新闻和世界报道》排名（简称US News排名）将论文作为重要评价标准，而《泰晤士报》排名则相对平均。同时，即使是同一机构发布的不同类型的排名，也会因评价标准的不同而不一致。详见附表2-1。

附表2-1　QS、US News、《泰晤士报》世界大学排名评价指标

	QS排名	US News排名	《泰晤士报》排名
发布机构	Quacquarelli Symonds	美国新闻和世界报道	泰晤士高等教育（The World University Rankings）
所在国	英国	美国	英国
开始年份	2004年	2014年	2010年
排名侧重	评价、师生比	科研、学术	科研、教学

（续表）

	QS排名	US News排名	《泰晤士报》排名
排名标准	同行评价（占40%） 雇主评价（占10%） 论文引用（占20%） 师生比例（占20%） 国际学生比例（占5%） 国际教师比例（占5%）	学校声誉（占25%） 论文计量（占65%） 学校水平（占10%）	教学（占30%） 研究（占30%） 论文引用（占32.5%） 企业经费（占2.5%） 国际化程度（占5%）
排名范围	QS世界大学排名	US News世界大学排名	THE世界大学排名
	QS世界大学专业排名	US News美国大学本科排名	THE世界大学学科排名
	QS世界大学学科排名	US News美国大学研究生排名	金砖国家与新兴经济体排名
	QS年轻大学排名	US News地区大学排名	THE大学声誉排名
	QS最佳留学城市排名	US News国家大学排名	THE年轻大学排名
	QS世界大学国家排名	US News世界大学专业排名	THE亚洲大学排名
涵盖地区	82国	约60国	79国
排名长度	约前1 000名	前750名	前980名
资料来源	数据库Scopus/Elsevier 针对学者与雇主的调查	Thomson Reuters InCites Web of Science	路透社 Elsevier/Scopus数据库

2. 2018 QS世界大学排名

QS世界大学排名是由教育组织Quacquarelli Symonds（简称QS）所发表的年度世界大学排名。2004年，发布了第一期排名，排名包括主要的世界大学综合排名及学科排名。QS世界大学排名起初是由QS与THE合作发布的，在2010年两者“分手”，各自发布排名。

QS世界大学排名是参与机构最多、世界影响范围最广的排名之一，2016年最新的QS大学排名共吸引了76 800名各国学者与44 200所机构参与。它给予了综合类以及多元化高等院校更多的展示机会，12年来形成的广泛影响力也使QS排名成为学生与家长关注的焦点。

QS 世界大学排名受主观因素影响大。评价的权重高达 50%，研究相关硬指标比例仅占了 20%，可以说，是四个排名中最不“学术”的一个；并且其教师/学生比例为 1 : 5，在排名中占有较高的比重。该排名对回国就业者参考价值较大，它是四个排名中唯一引入就业相关指标的（雇主评价），国内用人单位在招聘时较多使用此排名，因此其在国内名气较大。

附表 2-2　2018 QS 世界大学排名

排名	学校中文名称	学校英文名称	国家/地区	得分
1	麻省理工学院	Massachusetts Institute of Technology (MIT)	美国	100.0
2	斯坦福大学	Stanford University	美国	98.7
3	哈佛大学	Harvard University	美国	98.4
4	加州理工学院	California Institute of Technology (Caltech)	美国	97.7
5	剑桥大学	University of Cambridge	英国	95.6
6	牛津大学	University of Oxford	英国	95.3
7	伦敦大学学院	UCL (University College London)	英国	94.6
8	帝国理工学院	Imperial College London	英国	93.7
9	芝加哥大学	University of Chicago	美国	93.5
10	苏黎世联邦理工学院	ETH Zurich—Swiss Federal Institute of Technology	瑞士	93.3
11	南洋理工大学	Nanyang Technological University, Singapore (NTU)	新加坡	92.2
12	洛桑联邦理工学院	Ecole Polytechnique Fédérale de Lausanne (EPFL)	瑞士	91.2
13	普林斯顿大学	Princeton University	美国	91.0
14	康奈尔大学	Cornell University	美国	90.7
15	新加坡国立大学	National University of Singapore (NUS)	新加坡	90.5
16	耶鲁大学	Yale University	美国	90.4
17	约翰霍普金斯大学	Johns Hopkins University	美国	89.8
18	哥伦比亚大学	Columbia University	美国	88.9
19	宾夕法尼亚大学	University of Pennsylvania	美国	88.7
20	澳大利亚国立大学	The Australian National University	澳大利亚	87.1

（续表）

排名	学校中文名称	学校英文名称	国家/地区	得分
21	杜克大学	Duke University	美国	87.0
21	密歇根大学	University of Michigan	美国	87.0
23	伦敦大学国王学院	King's College London	英国	86.9
23	爱丁堡大学	The University of Edinburgh	英国	86.9
25	清华大学	Tsinghua University	中国	85.6
26	香港大学	The University of Hong Kong	中国香港	85.5
27	加州大学伯克利分校	University of California, Berkeley(UCB)	美国	84.9
28	西北大学	Northwestern University	美国	84.8
28	东京大学	The University of Tokyo	日本	84.8
30	香港科技大学	The Hong Kong University of Science and Technology	中国香港	84.3
31	多伦多大学	University of Toronto	加拿大	84.0
32	麦吉尔大学	McGill University	加拿大	83.9
33	加州大学洛杉矶分校	University of California, Los Angeles (UCLA)	美国	83.6
34	曼彻斯特大学	The University of Manchester	英国	83.0
35	伦敦政治经济学院	London School of Economics and Political Science (LSE)	英国	81.8
36	京都大学	Kyoto University	日本	81.5
36	首尔国立大学	Seoul National University	韩国	81.5
38	北京大学	Peking University	中国	80.8
38	加州大学圣迭戈分校	University of California, San Diego (UCSD)	美国	80.8
40	复旦大学	Fudan University	中国	80.6
41	韩国高等科技学院	KAIST—Korea Advanced Institute of Science Technology	韩国	80.4
41	墨尔本大学	The University of Melbourne	澳大利亚	80.4
43	巴黎高等师范学院	Ecole normale superieure, Paris	法国	79.9
44	布里斯托大学	University of Bristol	英国	79.5
45	新南威尔士大学	The University of New South Wales (UNSW Australia)	澳大利亚	78.9
46	香港中文大学	The Chinese University of Hong Kong (CUHK)	中国香港	78.8

（续表）

排名	学校中文名称	学校英文名称	国家/地区	得分
47	卡内基·梅隆大学	Carnegie Mellon University	美国	78.6
47	昆士兰大学	The University of Queensland	澳大利亚	78.6
49	香港城市大学	City University of Hong Kong	中国香港	78.4
50	悉尼大学	The University of Sydney	澳大利亚	78.0
51	不列颠哥伦比亚大学	University of British Columbia	加拿大	77.9
52	纽约大学	New York University（NYU）	美国	77.3
53	布朗大学	Brown University	美国	76.5
54	代尔夫特理工大学	Delft University of Technology	荷兰	76.1
55	威斯康星大学麦迪逊分校	University of Wisconsin—Madison	美国	75.8
56	东京工业大学	Tokyo Institute of Technology	日本	74.8
57	华威大学	The University of Warwick	英国	74.4
58	阿姆斯特丹大学	University of Amsterdam	荷兰	74.3
59	巴黎综合理工大学	École Polytechnique	法国	74.0
60	莫纳什大学	Monash University	澳大利亚	73.1
61	华盛顿大学	University of Washington	美国	72.9
62	上海交通大学	Shanghai Jiao Tong University	中国	72.5
63	大阪大学	Osaka University	日本	72.1
64	慕尼黑工业大学	Technical University of Munich	德国	72.0
65	格拉斯哥大学	University of Glasgow	英国	71.6
66	慕尼黑大学	Ludwig—Maximilians—Universität München	德国	70.8
67	得克萨斯大学奥斯汀分校	University of Texas at Austin	美国	70.6
68	海德堡大学	Ruprecht—Karls—Universitaet Heidelberg	德国	70.4
69	伊利诺伊大学厄巴纳—香槟分校	University of Illinois at Urbana—Champaign	美国	70.3
70	佐治亚理工学院	Georgia Institute of Technology	美国	70.1
71	鲁汶大学	KU Leuven	比利时	69.4
71	浦项科技大学	Pohang University of Science And Technology（POSTECH）	韩国	69.4
73	哥本哈根大学	University of Copenhagen	丹麦	69.2
73	苏黎世大学	University of Zurich	瑞士	69.2
75	布宜诺斯艾利斯大学	Universidad de Buenos Aires（UBA）	阿根廷	69.1

（续表）

排名	学校中文名称	学校英文名称	国家/地区	得分
76	台湾大学	Taiwan University	中国台湾	69.0
76	东北大学（日本）	Tohoku University	日本	69.0
78	杜伦大学	Durham University	英国	68.5
78	隆德大学	Lund University	瑞典	68.5
80	北卡罗来纳大学教堂山分校	University of North Carolina, Chapel Hill	美国	67.8
81	波士顿大学	Boston University	美国	67.2
82	奥克兰大学	The University of Auckland	新西兰	67.0
82	谢菲尔德大学	The University of Sheffield	英国	67.0
84	诺丁汉大学	The University of Nottingham	英国	66.8
84	伯明翰大学	University of Birmingham	英国	66.8
86	俄亥俄州立大学	The Ohio State University	美国	66.1
87	浙江大学	Zhejiang University	中国	65.9
88	都柏林三一学院	Trinity College Dublin, The University of Dublin	爱尔兰	65.7
89	莱斯大学	Rice University	美国	65.6
90	高丽大学	Korea University	韩国	65.5
90	阿尔伯塔大学	University of Alberta	加拿大	65.5
92	圣安德鲁斯大学	University of St Andrews	英国	65.3
93	宾夕法尼亚州立大学	Pennsylvania State University	美国	65.2
93	西澳大学	The University of Western Australia	澳大利亚	65.2
95	莫斯科国立大学	Lomonosov Moscow State University	俄罗斯	65.0
95	香港理工大学	The Hong Kong Polytechnic University	中国香港	65.0
97	中国科学技术大学	University of Science and Technology of China	中国	64.9
98	瑞典皇家理工学院	KTH Royal Institute of Technology	瑞典	64.7
98	日内瓦大学	University of Geneva	瑞士	64.7
100	圣路易斯华盛顿大学	Washington University in St. Louis	美国	64.6

3. 2018《美国新闻和世界报道》美国大学排名

《美国新闻和世界报道》综合大学排名是全美最具权威影响力、最大的排名。此排名里的大学均为综合性研究型大学，提供学士、硕士和博士课程，专业设置齐全。但要注意的是，这个排名所依据的指标全部是本科生指标，如高中排名、SAT/ACT分数、新生保有率、毕业率等，即对大学本科阶段教育成果的评价。

目前，公认的首个大学排行榜就是由《美国新闻和世界报道》在1983年首创的，至今已有32年的历史。

附表2-3 《美国新闻和世界报道》美国大学排名

排名	学校中文名称	学校英文名称	学费（美元）	招生人数
1	普林斯顿大学	Princeton University	47 140	5 400
2	哈佛大学	Harvard University	48 949	6 710
3	芝加哥大学	University of Chicago	54 825	5 941
3	耶鲁大学	Yale University	51 400	5 472
5	哥伦比亚大学	Columbia University	57 208	6 113
5	麻省理工学院	Massachusetts Institute of Technology	49 892	4 524
5	斯坦福大学	Stanford University	49 617	7 034
8	宾夕法尼亚大学	University of Pennsylvania	53 534	10 019
9	杜克大学	Duke University	53 744	6 609
10	加州理工学院	California Institute of Technology	49 908	979
11	达特茅斯学院	Dartmouth College	52 950	4 310
11	约翰霍普金斯大学	Johns Hopkins University	52 170	6 117
11	西北大学	Northwestern University	52 678	8 353
14	布朗大学	Brown University	53 419	6 926
14	康奈尔大学	Cornell University	52 853	14 566
14	莱斯大学	Rice University	45 608	3 893
14	范德堡大学	Vanderbilt University	47 664	6 871
18	圣母大学	University of Notre Dame	51 505	8 530
18	华盛顿大学	Washington University in St. Louis	51 533	7 540
20	乔治城大学	Georgetown University	52 300	7 453
21	埃默里大学	Emory University	49 392	6 861

（续表）

排名	学校中文名称	学校英文名称	学费（美元）	招生人数
21	加州大学伯克利分校	University of California—Berkeley	42 112（海外学生），14 098（本国学生）	29 311
21	加州大学洛杉矶分校	University of California—Los Angeles	41 270（海外学生），13 256（本国学生）	30 873
21	南加州大学	University of Southern California	54 259	18 794
25	卡内基·梅隆大学	Carnegie Mellon University	53 910	6 673
25	弗吉尼亚大学	University of Virginia	46 975（海外学生），16 146（本国学生）	16 331
27	维克森林大学	Wake Forest University	51 400	4 955
28	密歇根大学安娜堡分校	University of Michigan—Ann Arbor	47 476（海外学生），14 826（本国学生）	28 983
29	塔夫茨大学	Tufts University	54 318	5 508
30	纽约大学	New York University	50 464	26 135
30	北卡罗来纳大学教堂山分校	University of North Carolina—Chapel Hill	34 588（海外学生），9 005（本国学生）	18 523
32	波士顿学院	Boston College	53 346	9 309
32	威廉与玛丽学院	College of William & Mary	43 099（海外学生），20 287（本国学生）	6 276
34	布兰迪斯大学	Brandeis University	53 582	3 608
34	佐治亚理工学院	Georgia Institute of Technology	33 014（海外学生），12 418（本国学生）	15 489
34	罗切斯特大学	University of Rochester	52 020	6 386
37	波士顿大学	Boston University	52 082	17 944
37	凯斯西储大学	Case Western Reserve University	47 500	5 152
37	加州大学圣塔芭芭拉分校	University of California—Santa Barbara	42 423（海外学生），14 409（本国学生）	21 574
40	东北大学	Northeastern University	49 497	13 473
40	杜兰大学	Tulane University	52 960	6 377
42	伦斯勒理工学院	Rensselaer Polytechnic Institute	52 305	6 265
42	加州大学欧文分校	University of California—Irvine	43 530（海外学生），15 516（本国学生）	27 331
42	加州大学圣迭戈分校	University of California—San Diego	44 197（海外学生），16 183（本国学生）	28 127

（续表）

排名	学校中文名称	学校英文名称	学费（美元）	招生人数
42	佛罗里达大学	University of Florida	28 658（海外学生），6 381（本国学生）	34 554
46	理海大学	Lehigh University	50 740	5 080
46	佩珀代因大学	Pepperdine University	51 992	3 542
46	加州大学戴维斯分校	University of California—Davis	42 396（海外学生），14 382（本国学生）	29 546
46	迈阿密大学	University of Miami	48 484	10 849
46	威斯康星大学麦迪逊分校	University of Wisconsin—Madison	34 782（海外学生），10 533（本国学生）	31 710
46	维拉诺瓦大学	Villanova University	51 434	6 999
52	宾夕法尼亚州立大学	Pennsylvania State University—University Park	33 664（海外学生），18 436（本国学生）	41 359
52	伊利诺斯香槟分校	University of Illinois—Urbana—Champaign	31 988（海外学生），15 868（本国学生）	33 932
54	俄亥俄州立大学哥伦布分校	Ohio State University—Columbus	29 659（海外学生），10 591（本国学生）	45 831
54	佐治亚大学	University of Georgia	30 392（海外学生），11 818（本国学生）	27 951
56	乔治华盛顿大学	George Washington University	53 518	11 504
56	普渡大学西拉法叶分校	Purdue University—West Lafayette	28 804（海外学生），10 002（本国学生）	30 043
56	康涅狄格大学	University of Connecticut	36 948（海外学生），14 880（本国学生）	19 324
56	得克萨斯大学奥斯汀分校	University of Texas—Austin	35 766（海外学生），10 136（本国学生）	40 168
56	华盛顿大学	University of Washington	35 538（海外学生），10 974（本国学生）	30 933
61	杨伯翰大学	Brigham Young University—Provo	5 460	30 979
61	福特汉姆大学	Fordham University	50 601	9 258
61	南卫理公会大学	Southern Methodist University	52 498	6 521
61	雪城大学	Syracuse University	46 755	15 218

（续表）

排名	学校中文名称	学校英文名称	学费（美元）	招生人数
61	马里兰大学帕克分校	University of Maryland—College Park	33 606（海外学生），10 399（本国学生）	28 472
61	伍斯特理工学院	Worcester Polytechnic Institute	48 628	4 432
67	克莱姆森大学	Clemson University	35 654（海外学生），14 712（本国学生）	18 599
68	匹茨堡大学	University of Pittsburgh	30 642（海外学生），19 080（本国学生）	19 123
69	美利坚大学	American University	46 615	7 901
69	罗格斯大学新布朗斯维克分校	Rutgers University—New Brunswick	30 023（海外学生），14 372（本国学生）	36 168
69	史蒂文森理工学院	Stevens Institute of Technology	50 554	3 021
69	美国得克萨斯农工大学	Texas A&M University—College Station		
69	明尼苏达大学双城分校	University of Minnesota—Twin Cities	26 603（海外学生），14 417（本国学生）	34 871
69	弗吉尼亚理工大学	Virginia Tech	29 371（海外学生），12 852（本国学生）	25 791
75	贝勒大学	Baylor University	43 790	14 348
75	科罗拉多矿业大学	Colorado School of Mines		
75	麻省大学阿默斯特分校	University of Massachusetts—Amherst	33 662（海外学生），15 596（本国学生）	23 373
78	迈阿密大学牛津分校	Miami University—Oxford	32 768（海外学生），14 578（本国学生）	16 981
78	得克萨斯基督教大学	Texas Christian University	44 760	8 891
78	艾奥瓦大学	University of Iowa	28 813（海外学生），8 575（本国学生）	24 476
81	克拉克大学	Clark University	44 400	2 289
81	佛罗里达州立大学	Florida State University	21 673（海外学生），6 507（本国学生）	32 929
81	密歇根州立大学	Michigan State University	39 405（海外学生），14 460（本国学生）	39 090
81	北卡罗来纳州立大学	North Carolina State University—Raleigh	27 406（海外学生），9 058（本国学生）	23 847

（续表）

排名	学校中文名称	学校英文名称	学费（美元）	招生人数
81	加州大学圣克鲁兹分校	University of California—Santa Cruz	42 042（海外学生），14 028（本国学生）	16 962
81	特拉华大学	University of Delaware	32 250（海外学生），12 830（本国学生）	18 374
87	纽约州立大学宾汉姆顿分校	Binghamton University—SUNY	24 403（海外学生），9 523（本国学生）	13 632
87	丹佛大学	University of Denver	48 669	5 754
87	塔尔萨大学	University of Tulsa	39 502	3 406
90	印第安纳大学伯明顿分校	Indiana University—Bloomington	34 845（海外学生），10 533（本国学生）	39 184
90	马凯特大学	Marquette University	39 900	8 238
90	科罗拉多大学波德分校	University of Colorado—Boulder	35 079（海外学生），11 531（本国学生）	27 846
90	圣地亚哥大学	University of San Diego	47 708	5 711
94	德雷塞尔大学	Drexel University	52 002	13 251
94	圣路易斯大学	Saint Louis University	42 166	7 454
94	叶史瓦大学	Yeshiva University	42 000	2 714
97	罗切斯特理工大学	Rochester Institute of Technology	40 068	12 410
97	纽约州立大学石溪分校	Stony Brook University—SUNY	26 297（海外学生），9 257（本国学生）	17 026
97	纽约州立大学环境科学与林业学院	SUNY College of Environmental Science and Forestry	18 090（海外学生），8 240（本国学生）	1 755
97	水牛城大学	University at Buffalo—SUNY	26 270（海外学生），9 770（本国学生）	20 411
97	俄克拉何马大学	University of Oklahoma	24 443（海外学生），9 062（本国学生）	22 436
97	佛蒙特大学	University of Vermont	41 356（海外学生），17 740（本国学生）	11 159

4. 2018《泰晤士报》英国大学综合排名

自2004年11月以来，《泰晤士高等教育》与国际高等教育研究机构QS合作，在每年的秋季公布世界大学排名。《泰晤士高等教育》自2010年改为与加拿大汤森路透集团（Thomson Reuters，即路透社）合作，并在以往排名标准的基础上继续完善，推出了THE（times higher education）《泰晤士高等教育》全球大学排名。排名主要依据经济活动与创新（如获得产业界研究经费指数），国际化程度（如国际学生与当地学生比例），制度化指标（如学校师资），研究指标。新标准主要包括教学能力（teaching，占30%），研究能力（research，占30%），论文引用（citation，占32.5%），商业融资（industry income，占2.5%），以及国际化程度（international mix，占5%）5个大项和13个细分标准。新标准将重点放在大学的研究、教学品质及知识转移方面。

附表2-4　2018《泰晤士报》英国大学综合排名

排名	2017排名	学校中文名称	学校英文名称	得分
1	1	剑桥大学	University of Cambridge	1 000
2	2	牛津大学	University of Oxford	983
3	3	圣安德鲁斯大学	University of St Andrews	930
4	5	帝国理工学院	Imperial College London	872
5	4	杜伦大学	Durham University	851
6	9=	兰卡斯特大学	Lancaster University	834
7=	6	伦敦大学学院	University College London	812
7=	11	拉夫堡大学	Loughborough University	812
9	7	华威大学	University of Warwick	792
10	13	利兹大学	University of Leeds	790
11	8	伦敦政治经济学院	London School of Economics and Political Science	787
12	12	巴斯大学	University of Bath	778
13	15	东英吉利大学	University of East Anglia	774
14	9=	埃克塞特大学	University of Exeter	770
15	16	伯明翰大学	University of Birmingham	759
16=	19	布里斯托大学	University of Bristol	741
16=	17	约克大学	University of York	741

（续表）

排名	2017排名	学校中文名称	学校英文名称	得分
18	20	诺丁汉大学	University of Nottingham	731
19	14	萨里大学	University of Surrey	718
20	29	格拉斯哥大学	University of Glasgow	714
21	24	谢菲尔德大学	University of Sheffield	711
22	30	埃塞克斯大学	University of Essex	708
23	28	邓迪大学	University of Dundee	706
24	37=	爱丁堡大学	University of Edinburgh	705
25	32	曼彻斯特大学	University of Manchester	703
26	22	纽卡斯尔大学	Newcastle University	696
27	18	萨塞克斯大学	University of Sussex	690
28=	27	伦敦国王学院	King's College London	684
28=	34	伦敦大学皇家霍洛威学院	Royal Holloway, University of London	684
30	21	南安普顿大学	University of Southampton	682
31	23	肯特大学	University of Kent	679
32	31	雷丁大学	University of Reading	669
33	36	哈珀亚当斯大学	Harper Adams University	666
34	25	莱斯特大学	University of Leicester	663
35	46	卡迪夫大学	Cardiff University	662
36=	35	伦敦大学亚非学院	SOAS University of London	659
36=	44=	斯旺西大学	Swansea University	659
38	26	贝尔法斯特大学	Queen's University, Belfast	647
39	37=	赫瑞瓦特大学	Heriot–Watt University	646
40	44=	阿伯丁大学	University of Aberdeen	645
41	48	思克莱德大学	University of Strathclyde	644
42	39	利物浦大学	University of Liverpool	637
43	40	伦敦大学玛丽女王学院	Queen Mary, University of London	630
44	47	考文垂大学	Coventry University	624
45	43	斯特林大学	University of Stirling	619
46	33	阿斯顿大学	Aston University	618
47=	56	亚伯大学	Aberystwyth University	615
47=	41	白金汉大学	University of Buckingham	615
47=	57	诺丁汉特伦特大学	Nottingham Trent University	615
50	42	基尔大学	Keele University	609

5. 2017薪水网美国高校毕业生就业情况和薪资排名

美国知名调查机构薪水网（Payscale）专致于发布毕业生薪资排行榜，给予学生最实际的选校参考，通过了解学校毕业生及部分专业的毕业薪资，更加明智地选择大学。其最新发布的2017年大学毕业生薪资排行榜分为美国大学薪资排名和专业薪资排名。

（1）美国大学薪资排名

如附录表2–5所示，美国大学毕业生薪资排名能够显示出一所学校的综合实力和社会认可度。呈现毕业生职业早期薪水、职业中期薪水、工作价值，以及在美国具有就业优势的科学、技术、工程、数学类专业学位的学生占比，综合反映美国各个院校学生毕业之后的就业情况。

附录表2–5 2017 Payscale美国大学薪资排名

排名	学校中文名称	学校英文名称	职业早期薪资①	职业中期薪资②	工作价值（%）③	STEM专业（%）④
1	哈维穆德学院	Harvey Mudd College	81 000	155 800	58	85
2	普林斯顿大学	Princeton University	69 800	147 800	44	47
3	麻省理工学院	Massachusetts Institute of Technology	81 500	147 000	53	69
4	纽约州立大学海事学院	SUNY Maritime College	71 600	145 100	52	35
5	美国军事学院	United States Military Academy	75 100	144 300	65	43
6	美国海军军官学校	United States Naval Academy	75 000	143 800	64	60
7	加州理工学院	California Institute of Technology	78 800	142 500	52	97
8	巴布森学院	Babson College	66 600	141 700	34	0
9	哈佛大学	Harvard University	69 200	140 700	56	19
10	斯坦福大学	Stanford University	73 300	140 400	56	49

（续表）

排名	学校中文名称	学校英文名称	职业早期薪资[1]	职业中期薪资[2]	工作价值（%）[3]	STEM 专业（%）[4]
11	达特茅斯学院	Dartmouth College	66 300	140 300	46	32
12	威廉姆斯学院	Williams College	62 000	138 400	44	33
13	美国空军学院	United States Air Force Academy	69 400	138 300	71	49
14	韦伯学院	Webb Institute	70 800	138 200	N/A	100
15	萨缪尔梅里特大学	Samuel Merritt University	81 800	138 100	N/A	0
16	科尔盖特大学	Colgate University	61 400	137 700	37	27
17	史蒂文斯理工学院	Stevens Institute of Technology	70 800	136 900	50	80
18	科罗拉多州矿业大学	Colorado School of Mines	71 900	136 100	60	94
19	美国商船学院	United States Merchant Marine Academy	73 400	135 900	64	54
20	宾夕法尼亚大学	University of Pennsylvania	68 100	134 800	43	22
21	圣克拉拉大学	Santa Clara University	63 800	134 500	44	30
22	杜克大学	Duke University	65 300	134 400	53	26
23	李海大学	Lehigh University	65 400	133 900	46	52
24	奥尔巴尼药学院卫生科学院	Albany College of Pharmacy and Health Sciences	65 200	133 500	81	2
25	耶鲁大学	Yale University	66 800	132 100	53	23
26	布朗大学	Brown University	63 000	132 000	46	39
27	华盛顿和李大学	Washington and Lee University	59 700	131 700	38	21
28	克莱蒙特·麦肯纳学院	Claremont McKenna College	63 500	130 800	47	14
29	莱斯大学	Rice University	65 700	130 200	48	50
30	加州大学伯克利分校	University of California—Berkeley	65 400	130 100	49	34
31 =	乔治城大学	Georgetown University	61 400	129 500	40	12
31 =	伦斯勒理工学院	Rensselaer Polytechnic Institute	67 500	129 500	48	76

（续表）

排名	学校中文名称	学校英文名称	职业早期薪资①	职业中期薪资②	工作价值（%）③	STEM专业（%）④
33	伍斯特理工学院	Worcester Polytechnic Institute	69 200	129 400	4	87
34	乔治亚理工学院	Georgia Institute of Technology—Main Campus	68 100	128 700	47	78
35	圣母大学	University of Notre Dame	62 500	127 900	46	26
36	加利福尼亚州立大学海事学院	California State University Maritime Academy	64 600	126 800	53	19
37	克拉克森大学	Clarkson University	64 200	126 700	59	52
38	卡内基梅隆大学	Carnegie Mellon University	70 900	126 400	46	64
39	斯沃斯莫尔学院	Swarthmore College	60 000	126 200	44	34
40	罗斯霍曼理工学院	Rose—Hulman Institute of Technology	71 600	125 900	51	98
41	贝茨学院	Bates College	55 800	125 000	54	26
42	加州大学圣迭戈分校	University of California—San Diego	58 600	124 900	53	54
43 =	巴克内尔大学	Bucknell University	62 300	124 700	39	37
43 =	纽约市哥伦比亚大学	Columbia University in the City of New York	66 000	124 700	46	30
45	弗吉尼亚军事研究所	Virginia Military Institute	62 200	124 600	66	43
46	瓦巴什学院	Wabash College	58 900	124 400	46	27
47	联合学院-美国NY	Union College—Schenectady，NY	58 500	124 300	51	45
48	库柏科学和艺术促进会	Cooper Union for the Advancement of Science and Art	63 900	124 200	49	54
49	康奈尔大学	Cornell University	65 600	123 900	45	43
50	拉斐特学院	Lafayette College	61 500	123 800	42	41

注：①工作0~5年毕业生的年薪中位数。②工作10年及以上毕业生的年薪中位数。③在社会道德和价值体系下，在有社会价值的工作岗位上工作的校友比例。④该校学生获得科学（science）、技术（technology）、工程（engineering）、数学（math）专业学位的学生占比；STEM是美国比较稀缺的专业，在获得美国签证的时候，也有较长的OPT停留时间。

（2）美国专业薪资排名

如附录表2-6所示，专业薪资排名是Payscale根据不同专业毕业生的薪资情况进行的排名，可以反映出各个专业在美国的就业市场上的认可度和需要程度。

附录表2-6　2017 Payscale美国专业薪资排名

排名	专业中文名称	专业英文名称	职业早期薪资	职业中期薪资	工作价值（%）
1	石油工程	Petroleum Engineering	94 600	175 500	65
2	保险精算数学	Actuarial Mathematics	56 400	131 700	49
3	保险精算科学	Actuarial Science	61 200	130 800	43
4	核工程	Nuclear Engineering	69 000	127 500	72
5	化学工程	Chemical Engineering	70 300	124 500	57
6	船舶工程	Marine Engineering	73 900	123 200	68
7	经济和数学	Economics and Mathematics	60 000	122 900	36
8	地球物理	Geophysics	54 100	122 200	N/A
9	认知科学	Cognitive Science	54 000	121 900	40
10	电力工程	Electrical Power Engineering	68 600	119 100	70
11 =	航空工程	Aeronautical Engineering	65 300	118 800	61
11 =	电子与计算机工程	Electrical & Computer Engineering（ECE）	69 000	118 800	51
13	计算机系统工程	Computer Systems Engineering	72 000	118 000	N/A
14 =	生物工程	Bioengineering（BioE）	61 600	116 800	68
14 =	计算机科学与工程	Computer Science（CS）& Engineering	70 900	116 800	42

注：①工作0~5年毕业生年薪的中位数。②工作10年及以上毕业生的年薪中位数。③在社会道德和价值体系下，在有社会价值的工作岗位上工作的校友比例。